金钱的灵魂

让你从内在真正富起来

Soul of Money

Reclaiming the Wealth of
Our Inner Resources

[美] 琳内·特威斯特　特蕾莎·巴克 著
艾琦 译

华夏出版社
HUAXIA PUBLISHING HOUSE

图书在版编目（CIP）数据

金钱的灵魂：让你从内在真正富起来 / (美) 琳内·特威斯特 (Lynne Twist), (美) 特蕾莎·巴克(Teresa Barker) 著；艾琦译. -- 北京：华夏出版社，2019.3（2024.5重印）

书名原文：Soul of Money：Reclaiming the Wealth of Our Inner Resources

ISBN 978-7-5080-9630-8

Ⅰ.①金… Ⅱ.①琳… ②特… ③艾… Ⅲ.①私人投资－通俗读物 Ⅳ.①F830.59-49

中国版本图书馆CIP数据核字(2018)第282714号

北京市版权局著作权登记号：图字01-2013-5918号

金钱的灵魂

作　　者	[美]琳内·特威斯特　[美]特蕾莎·巴克	
译　　者	艾　琦	
责任编辑	陈　迪	

出版发行	华夏出版社有限公司
经　　销	新华书店
印　　刷	三河市少明印务有限公司
装　　订	三河市少明印务有限公司
版　　次	2019 年 3 月北京第 1 版　2024 年 5 月北京第 8 次印刷
开　　本	710×1000　1/16开
印　　张	16.25
字　　数	180 千字
定　　价	49.00 元

华夏出版社有限公司

网址:www.hxph.com.cn 地址：北京市东直门外香河园北里4号 邮编：100028

若发现本版图书有印装质量问题，请与我社营销中心联系调换。电话：（010）64663331（转）

谨将此书献给我的孙子、孙女

艾亚、艾莎与易卜拉欣

在他们身上，我看到了这个世界的美、爱与各种可能性

——琳内·特威斯特

目录 / Contents

第一部分　爱、谎言与大觉醒

我们之前不断追逐、积累金钱，不停地更新换代我们所拥有的一切，其实只是另一种形式的饥饿而已。

我们越是努力去获取金钱，抑或努力忽视或超越金钱，金钱对我们的影响与钳制就越大。

第二部分　匮乏与充裕：寻找兴盛

无论我们拥有何种身份，身处何种情境，我们所谈论的都是：我们缺少什么。

充裕理念认为，这个世界的资源足以满足我们所有人的需要。"资源足够"的洞见与信念能够启迪并激励我们分享、合作与贡献。

第三部分　充裕：三个真相

如果你使金钱流向自己关心的事情，你的生命也会因此而熠熠发光，这，才是金钱的真正用途。

第四部分　改变梦想

推荐序 >>>

2005 年，我到加拿大不列颠哥伦比亚省维多利亚市，参加变革型领导大会 (Transformational Leadership Council)。会上，我第一次听琳内·特威斯特分享《金钱的灵魂》，我的人生也由此而改变。

几年前，我创立变革型领导大会，召集培训师、工作坊带领人、导师、作家、电影人等相关人士来训练他们做领导力转型、互相学习，同时也让彼此在这个过程中敞开心扉交流。

琳内是一个在国际上活跃的活动家、资金募集者、演讲家、顾问及作家。我们认识之前，她从事国际人道主义救助和环境保护倡议的工作，已经有几十年的经验了。她可以充满鄙夷地向人们讲述世界上存在的各种问题，但她却没有这样做。就像《金钱的灵魂》一样，在琳内的演讲中，她没有强烈反对什么事情。相反，她分享的是另一种理解世界的方式，告诉我们当自己与金钱和生命建立了正确的关系后，我们便能拥有巨大的潜力。

琳内的演讲和这本书都阐述了以下问题——感觉"匮乏"的思维困境、永远都得不到满足的感受以及三个有毒的迷思。这种"匮乏"

思维让我们哭着喊着不断索取，完全不明白真正的富足是来自生命中经历"充裕"的满足、憧憬内心的满足。我们若能将自己与金钱和生命的关系建立在"充裕"的满足上，就可以把这份关系所影响到的方方面面都用在更高的价值上，让身边的每个人从经历的每件事中都有所获益。我所谓的方方面面是指我们如何挣钱、怎样存钱和花钱，甚至是如何投资。琳内在大会上的演讲震撼了在场的每一个人。观众们来这里本是为了提高自己的专业技能，使自己的生意更加兴隆。就在琳内演讲前，他们还在向世界一流的变革型商务领袖学习。然而，琳内却教给他们完全不同的技能，并告诉他们怎样与生命和金钱建立起有意义、真正令自己满足的关系。

琳内向听众分享了她自己对充裕的认识理解、如何学会感恩，以及无论环境如何都能感到"知足"，从而让生命更加有意义。她还告诉大家，应该如何与生命和金钱建立正确的关系、这样正确的关系怎样让我们拥有超乎寻常的能力。我的确明白，她所说的都是对的。我自己经历过痛苦而贫困的童年。同时，我也写作出版了《心灵鸡汤》和《成功的原则：如何从脚下走向向往之地》，这两本畅销书使我大获成功。当下，开发我们每个人内在的领导力和获得成功的潜力，是我最为关注的。我的人生和职业向来以目的为导向。但琳内的《金钱的灵魂》向我打开了一扇窗，让我更深刻、更彻底、更真实地看待自己以往的经历，这是我从未经历过的。

琳内认为金钱从根本上定义了我们每个人，或者说，金钱束缚了我们，或者说，金钱让我们拥有更多的能力。她的这个观点深深地触动了我。会上所有听众也都被震撼了，很多人激动地落下了眼泪。会后有人告诉我，琳内所讲的信息让他们开始思考，该如何转变自己的工作观和人生观。几年后，我再次邀请琳内到一个商务会议上演讲。与会者包括全美59家大、中型企业的高级管理者和CEO，他们有的从事金融服务业，有的负责客户产品研发。琳内并非循规蹈矩之人。她不是执行官，甚至都不是商业人士，而且她事后告诉我，若不是我邀请她，她完全没有理由参加这次大会。最开始，大家觉得让琳内讲30分钟实在太长了。但就当她开始分享《金钱的灵魂》和其中的原则的时候，在座的公司高管们同样被深深地震撼，巴不得琳内再多讲些。因此，我们延长了琳内演讲的时间，我们甚至依从听众的要求，推迟了午餐，以便给听众留出时间提问、交流。琳内回答每个问题的时候都结合自己旅行和工作中同最贫困以及最富有的人（从特蕾莎修女到亿万富翁）共事的经历。这些经历转变了我们对真正财富和匮乏的理解，让我们看到自己有力量将金钱和灵魂投入在能够带来最大收益的事情上。

在演讲的最后，琳内关于匮乏和富足的结论获得了满堂喝彩，对于这些高管来说，这情形是很难得的。因为这启发了在座的听众。琳内一直倡导全世界商业家、社会活动家和非营利组织领袖一起合作，建立一个"社会收益"产业。我非常欣赏和支持她的想法。无论是她所写的书籍、所做的演讲，还是所倡导的丰富的合作机制，都扣动了我的心弦，让我又一次看到了她所传达信息的强大力量。她的理念一旦植入我们心里，就会变成种子，产生改变的力量，滋养着我们和金钱、和社会上所提倡的金钱文化的关系。

我和琳内第一次见面就成了朋友，此后，我俩一起合作，打造一个拥有可持续经济和环境发展的未来。我和妻子与琳内夫妇一起到厄瓜多尔旅行。在那里我们加入了他们同当地人一起创办的帕恰玛玛联盟（Pachamama Alliance），目的是保护亚马孙丛林。就在亚马孙丛林里，大自然给我们上了一课，让我们反思自己同金钱和人际间的关系。而这些内容全都完美地展现在这本书中。

　　在我大部分的职业生涯中，身为培训师和导师，我把"成功"定义为能够在世界上随心达成自己想要的结果的能力。而就在认识琳内并与她一起工作后，我将成功重新定义为达成内心的渴求。而我现在意识到，我自己内心的渴求就是要启迪大家，让大家能够带着爱和喜悦实现人生最高的目标，并不与其他人的幸福相悖。之所以加上"不与其他人的幸福相悖"，是因为我发现2009年金融危机的时候，如果华尔街人能够不单单满足自己个人的贪婪，害怕缺乏，而是考虑到所有人的福祉，他们就不会做出几乎让整个世界经济都拜倒在他们脚下的事情。正是因为琳内这本书和她宽广的工作范围，我和妻子因此改变了我们与金钱的关系。我们开始有意识地处理自己的收支、投资、捐助和对金钱的管理。我们非常感谢琳内让我们能够在生活的方方面面都能够经历到更高尚的意义和更深的满足。

　　你手上的这本书传播了琳内独一无二、强有力的信息，世界正需要这样的信息，它的出现真是恰逢其时。《金钱的灵魂》透过琳内几十年在推进人权、环保和为儿童打造可持续未来方面的工作，给人带来不可磨灭的启迪，里面讲述了令人难忘的故事，直达人的灵魂。

无论你今天处境如何，琳内在这几百页纸上交给你的，会给你的生命带来更多的财富，帮你做出更大的贡献，找到更深层的意义，给你带来更大的满足感。

杰克·坎菲尔德（Jack Canfield)
著有《心灵鸡汤》
《成功的原则：如何从脚下走向向往之地》

增订版序言 >>>

我非常荣幸地在此介绍《金钱的灵魂》2017年增订版。本书在2003年9月首次出版的时候，我的目标是跟大家分享一个强大的哲学理念，并且在生活中实践自己与金钱的关系。当书中的信息在世界各地广为传播的时候，读者们反应热烈。

这本书虽然名为《金钱的灵魂》，但它实际上讲述的是我们的灵魂以及我们为什么会让自己在与金钱的关系中被金钱束缚、不知如何面对、甚至妥协，也就是我们如何获得金钱、使用金钱、给予他人金钱，有时候还会试图对此话题避而不谈。这本书就是告诉我们，无论境况如何，都能在金钱面前有新的自由、真理和愉悦。这本书唤醒我们，让我们思考从未思考过的问题：与金钱的关系能带来生命方方面面的变革。最终，为实现个人自由和金钱自由指出方向。

我既不是经济学家，也不是银行家或投资顾问。我也没有任何金融的学历背景。但是，我却对金钱有着特别的认知、经历和了解。我对金钱的认识是从50年来在慈善业工作的经历得来的，我曾经募集上亿美元的善款、向全球重大问题提供领导力支持；我曾经为解决全球饥饿问题、保护亚马孙雨林不辞辛苦；我曾经为保障土著居民权益，提高妇女健康状况、经济状况和政治地位四处奔走；我曾经为倡导科学认识人类意识大声疾呼。这些工作让我们有机会与不同领域的人一起工作，其中有的人富可敌国，有的人一贫如洗。我们一起努力让金钱用于解决世界上最棘手的问题。

就在致力于慈善、人才建设和环境管理的时候，我置身最偏远的古老的文明之中，那里的人刚刚有了金钱的概念。作为一个基金托管人和顾问，我同当今世界著名的活动家和思想家一起，渴望为当地人构建一个公正、繁荣、可持续的生活方式。

就在为这些想法努力的时候，我有幸同世界上最贫困的人并肩协作。我这里指的是"资源贫穷"地区的人，例如在塞内加尔荒漠、在印度村庄、在埃塞俄比亚大峡谷、中美和南美的一些国家以及美国部分地区。不管这些地区是否有丰富的文化宝藏，是否有充沛的自然资源，住在其中的人们却每天挣扎在饥饿、贫困和压迫中。我同样有幸与世界上最富有的人，也就是"资源富有"的人一起工作，包括生活在瑞典、法国、德国、日本、英国、加拿大、澳大利亚，当然还有美国的亿万富翁。

我深入到多种文化中，看到他们如何处理与金钱的关系以及这个关系如何控制、管理和压迫他们的生活。我发现，虽然文化不同，在钱这个方面来说既有不同，也有惊人的相似之处。我意识到我们对金钱未加甄别却非常强烈的感知让我们停滞不前、极度困乏，而且扭曲了我们对世界和彼此的看法。但我同时也看到，只要我们能将金钱用来表达人道主义，即使是极少的金钱也能带来惊人的疗愈能量。这也是我们最高的理想、直达心灵的承诺和价值。

《金钱的灵魂》告诉我们怎样正确处理与金钱的关系、让这个关系改变世界，并创造出无与伦比、可持续的财富和健康。当这本书在2003年首次出版的时候，我们没有意识到，整个人类社会正在走向一个巨大的金融危机当中。

2005年到2007年，表面上的繁荣掩盖住了金融界非理性的行为，并导致了美国房地产泡沫以及随后从华尔街到各个行业的崩塌。与此同时，有些人虽感到有些不妥，但心中的某股力量却使他们难以停下——获取金钱的诱惑以及因为不满足而产生的渴求。几年后，美国房地产坍塌，接下来的几个月发生了现代历史上最大的一次金融危机。当整个经济系统崩溃、金融理念变得贪婪，对世人具有毁灭性的时候，世界继续《金钱的灵魂》中关于匮乏和充裕的核心理念。金融危机戏剧性地将我笔下的"匮乏的谎言"所带来的危险公之于众。这个"匮乏的谎言"就是我们永远不知足，而且这会让我们竭尽所能攫取更多。

相反，"充裕的真相"把我们带到了另一番天地。这个真相让我们意识到自己所有的"够用"，而且为此感恩。也就是我们经历我们到底是谁、我们有什么，并且我们内在的财富不断充盈、丰富。就充裕而言，我们要重新与自己内在的富足连接，这包括我们的创造力、协作能力、诚信、勇气。当我们把内在的力量与金钱连在一起的时候，我们就可以为自己和他人创造真正的富足。

我开始撰写本书的时候，我在亚马孙丛林与当地土著的工作不断深入。我同丈夫比尔一起创建了帕恰玛玛联盟，让这些当地原住民有能力与现代社会接轨，同时保护雨林——这片地球的肺。这次与当地人的合作也让我们给现代社会带来了他们的传统和智慧。

我们的合作伙伴们与大自然平衡、和谐地相处。这就是他们富足和健康的源头。在这个消费社会中，我们把任何事物都商品化：水、空气、土地和食物都是如此。相比之下，我们看到了当下的文化失调，如果我们不扭转局势，这样的文化势必会让我们衰败。

在不断同科学家、学者、经济学家、政治领袖、政策制定者、宗教领袖和社会活动家对话的时候，我发现了一个关于人生和金钱关系的新的真理。其实，这是一个非常古老的道理，当我们不断追逐利润，将其凌驾在一切之上的时候，这个道理更加鲜活地展现在我面前：我们必须将金钱当作真正的生态系统一样去思考、去谈论。这个系统是我们唯一能够将经济和生态从根本上连结在一起的。长久以来，我们把经济与生态隔绝开来，但自然告诉我们，这两者不可分割。实际上，经济是生态系统的一部分。食物、衣服、电子设备、家庭、写字楼、汽车和汽油，这些都来自地球的资源。科学家们曾计算我们在地球上所留下的足迹，也就是我们所消费的能源与地球再生这些资源的比率，他们的结论是，我们在30年前就已经打破了地球所能承受的可持续发展的平衡。我们现在从地球上消耗的资源，已经无法再生。

从金融角度来说，我们现在就像是在使用一个我们永远无法偿还的生态信用卡。我们欠下了生态的巨债，把还债的重担交给我们的子孙后代。我们必须设法保护这些资源，并让它们再生；我们还要找到一个新的适合这个生态环境的居住方式，否则我们就会陷入一个接一个危机的恶性循环当中。经济危机非常准确地反映了生态危机。只有我们学会如何在我们的生态系统中生活，才能真正解决这个问题。这些不同经历所带来的智慧并非出自我自己。这些是我得到的礼物，我愿意把它送给别人。

这些年来，读者一直告诉我，在《金钱的灵魂》中所讲述的故事和原则令人震撼，改变了他们的人生，甚至拯救了他们的生命。我非常高兴地得知参加"金钱的灵魂"工作坊的人中，很多人成了慈善家、募捐者和社会活动家，致力于提高环境可持续性、灵魂的富足、社会正义。这本书对世界经济和金融的处理方式也同样令人振奋。包括哈佛、斯坦福、麻省理工在内的许多大学都将《金钱的灵魂》作为金融、商务研究生课程的指定读物，让学生明白如何对待与金钱的关系。书中的原则也被金融服务业用来培训职工的专业发展，包括财富管理。我非常高兴地听说，在世界许多角落，这本书被用于读书俱乐部阅读、社区组织讨论，成为在线论坛的话题，而且很多心灵修行课程也用到了此书。

这本书被翻译成中文、法语、德语、日语、韩语、西班牙语和越南语，激励了世界各国的企业家、商务人士、学生、活动家、慈善家和其他各界人士。我们有很多种方式可以进行灵性上的操练，让我们心灵和平、身心合一。而探索与金钱的关系便是其中之一。可能有人会对金钱能够让人得到灵性上的提升感到诧异，但我看到这样的事情发生在别人身上，自己也经历了这样的改变。

这本书并非让读者远离金钱或节俭度日，也不是要缩减花销。尽管书中提到的智慧会让你在金钱上做出类似的决定。这本书的目的是要让读者通过调整与金钱的关系，能够有意识地过丰盛、喜悦的生活，同时学会理解这个内心流动的过程。这本书让读者开始一个无与伦比、难得的旅程，让金钱与心灵合一，转变你的人生。

致谢 >>>

这本书是众人精诚合作的成果。迄今为止，这是我所做过的最具挑战性、最困难的事情之一。没有大家的支持、参与、合作与慷慨相助，这本书是不可能面世的。

首先，我想感谢这本书的合著者，才华横溢的特蕾莎·巴克。在创作这本书的三年中，我们逐渐融为一体，她的聪慧、合作精神以及专业素质使这本书成为可能。

我的经纪人盖尔·罗斯一直鼓励我，使这本书的写作从想法变成了现实。在整个创作过程中，她自始至终地陪伴与支持着我。

此书的每一页都融有诺顿出版社的编辑安杰拉·冯德里坡的智慧、才智与丰富的经验。她的助手亚历山德拉·巴斯塔利成功地将一页页文稿变成诺顿出版社与我都倍感骄傲的一本书。

从事战胜饥饿项目（The Hunger Project）二十多年来的经验，为这本书的写作奠定了坚实的基础。这么多年来，战胜饥饿项目的总裁琼·霍姆斯一直是，也将永远是我的老师与顾问。她的言传身教、她的才华与正直，以及她那坚韧不拔的献身精神，以各种方式影响着我，将我熔炼成了现在的我。

从事战胜饥饿项目期间，许多其他的同事也为我理解金钱以及它与人类社会中各种深刻问题之间的关系提供了极大的帮助。约翰·孔罗德、卡罗尔·孔罗德、迈克·威克、弗兰克·斯隆、汤姆·德里斯科尔、特德·霍华德、迪克·毕晓普、杰伊·格林斯潘、雪莉·佩特斯、凯瑟琳·帕里什、比尔·帕里什、肯德拉·高登威、罗恩·兰兹曼、迈克·库克、莱斯·特拉班德、李·特拉班德、拉里·弗林、劳尔·茱莉亚、梅雷尔·茱莉亚、珍妮特·施赖伯、费伊·弗里德、乔·弗里德曼、达纳·卡曼、简·肖、迈克尔·弗莱、汤姆·亨里奇、贡纳·尼尔森、斯科特·帕瑟缇纳、拉利塔·巴纳瓦里、纳吉·罗恩蒙、菲提古·塔德塞、巴迪悠·马宗达、塔兹玛·马宗达、野村真吾、植草树生、大内博史、伊恩·沃森、彼得·伯恩、约翰·丹佛、罗伯特·切斯特、安妮塔·切斯特、瓦莱丽·哈珀等许多同事都在我的人生中留下了深刻的印记，我的世界观的形成与他们是分不开的。多年来，我与成千上万个参与战胜饥饿项目的志愿者、积极分子、募捐人员以及投资者合作过，他们不仅是本书讯息的实践者，也是本书灵感的源泉。在此我深表感谢。

我特别感谢费思·斯特朗，作为一名女性、一位慈善家以及我的工作伙伴，她对我的帮助甚至超出了她自己的想象。

战胜饥饿项目从孕育到实现的整个过程中，我的朋友、非凡的慈善家艾伦·斯利弗卡和泰德·马伦自始至终支持着我，无私地给予我中肯的建议、经济支持以及无限的爱。言语实在无法表达我对他们的感谢。

我的朋友及灵魂兄弟汤姆·伯特，在整个项目运作过程中一直与我并肩而行，不断地鼓励我，并以一颗爱心鞭策我写出这本书。他与我在财务与精神层面上的合作是无价的，更重要的是，他对我的爱与信任为我顺利完成这本书提供了必要的"养料"。

我的老朋友与老同事尼尔·罗金总能帮我找出适当的词语以表达我本无法表达的事情。已名誉退休的智性科学研究院（Institute of Noetic Science）院长温克·富兰克林帮我确定这本书的书名及内涵，并在过去的20年中为我提供了许多睿智的建议。写这本书的整个过程中，迈克尔·汤姆斯和杰斯汀·汤姆斯一直坚定不移地支持与鼓励着我，迈克尔就"金钱的灵魂"这一主题对我进行的重要采访，正是这本书的起点。

我与世界局势论坛（State of the World Forum）主席吉姆·加里森合作多年，这个经历使我在全球性智慧与沟通方面获得了更深的理解，并扩展了我的全球性经验。

戴维·埃利斯一直是我睿智的教练与顾问，泰瑞·阿克塞尔罗德帮助我更明晰、更深刻地了解筹集基金这一崇高的工作。

写作近半之际，我感到难以下笔，我的好友、作家维姬·罗宾鼓励我参加梅萨写作研习营。我在那里度过的珍贵的两个星期中，研习营的主人及创立人彼得·巴恩斯曾给予我极大的帮助。能够在这一期间来到美国雷斯岬国家海岸进行创作，是本书成功的重大转折点。维姬和彼得，谢谢你们！

从相遇的那一天起，我的朋友与灵魂姐妹特蕾西·霍华德就一直支持与陪伴着我，这本书也毫不例外是我们相互陪伴的精彩篇章。

感谢智性科学研究院与费兹研究院（Fetzer Institute）董事会的同事们，感谢他们教会和给予我的一切，感谢他们智慧的建议与友谊，这一切都在这本书的字里行间闪烁着亮丽的光彩。

还有逆转潮流联盟（Turning Tide Coalition）的成员们，这本书是我献给他们每个人的礼物，我们之间的交流使我受益匪浅。

我在厄瓜多尔阿丘雅族的兄弟姐妹，以及帕恰玛玛联盟（The Pachamama Alliance）的所有成员与投资者，他们是火炬，闪耀着这本书所传播的理念。

华纳·爱哈德一直是我所认识的最睿智的老师之一。他所创立的项目与课程以及里程碑教育（Landmark Education）举办的各个项目，为我提供了各种洞见与觉察，也对我的人生观与世界观的形成产生了深刻的影响。为此，他给予我诸多其他的帮助，我对华纳表示深深的谢意。

我的姐妹霍莉·梅蒂甘和温蒂·萨德勒与兄弟格里夫·威廉姆斯，自始至终都支持我创作这本书，他们一直是我灵感的源泉。这本书的润色与加工也大多是在温蒂位于伊利诺伊格兰威安静的家中完成的。

我还想感谢我在格兰威写作时焦点小组的所有成员，尤其感谢莱斯莉·罗恩，感谢她一贯的支持与贡献。

在整个过程中，我挚爱的助手帕特·杰克逊一直坚定不移地陪伴着我。16年来，她以令人惊讶的无穷能力，辛勤地服务于我们共同的愿景，为我的人生与工作带来更多的美丽。

此外，衷心地感谢我的家人：我的父母，他们是男性与女性的楷模；我的孩子巴兹尔、夏玫和扎克瑞，他们自始至终都赋予我做自己的空间，我们之间那无条件的爱正是我动力与灵感的源泉，使我度过有意义的人生。

最后也是最重要的，感谢我的丈夫、灵魂伴侣、伙伴及挚友比尔·特威斯特，他的坚强、沉稳、忠诚、幽默与爱照亮了我的人生，并使得一切都成为可能。

多年来，我有幸与世界各地的许多人一起工作，此处无法一一列出他们的名字，不过书中随处都有他们的身影，希望这本书能够将他们给予我的爱、智慧与神奇感传播出去。

——琳内·特威斯特

除了琳内提到的人，我还想感谢我的丈夫史蒂夫与我们的孩子亚伦、蕾切尔和瑞贝卡，感谢他们对我积极与热情的支持，感谢他们与我分享的智慧。而对琳内的感激之情，我想借用玛娅·安杰洛的话来描述我们之间的合作与友情："当我们快乐地给予并心怀感恩地接受时，每个人都是受眷顾的。"我确实是受眷顾的。

——特蕾莎·巴克

这本书名为《金钱的灵魂》，不过阐述的却是我们自己的灵魂，以及我们在金钱方面如何与为何常常遮住灵魂的光芒，使其暗淡无色，备受忽略与漠视：我们获取、使用、给出金钱的方式，还有我们有时刻意回避金钱问题的行为。这本书探讨了如何在与金钱——我们生活中这一奇怪、令人烦恼却又神奇的面向——的关系上获得新的自由、真理与喜悦。此外，这也是一本关于觉醒的书，激励人们透过与金钱的关系——很少有人认真审视这一关系——为生活中的各个面向带来蜕变。从根本上讲，这本书是通往个人自由与金融自由的途径。

我不是经济学家，也不是银行家或者投资顾问，至少从传统意义上讲，我不是诸如此类的专家。我也没有金融或商业专业的学位，但我却对金钱有着深刻且特有的知识、经验与理解。我在金钱方面所受到的教育直接来自于四十多年来我在募集资金以及在四大全球性项目——"战胜饥饿项目"、"保护雨林"、"改善女性健康"、"经济与政治条件以及促进对人类意识的科学理解"——中担任领导角色的实践经验。上述每个项目都将我带入新的挑战领域，也使我在国内外结识了许多正在勇敢面对金钱问题的人，面对出现在他们自己的生活中或者出现在他们的家庭、社区与国家中的金钱问题，我从他们身上获得了许多启迪与灵感。

我担任战胜饥饿项目——一个致力于终结世界饥饿的组织——

的负责人已有20多年，这期间我的主要责任是培训募捐者，并在世界37个国家发起、组织募集资金活动。借由战胜饥饿项目以及我做顾问的许多其他非营利机构，我已经在全球47个国家培训了2万多个募捐者，也募集了超过1.5亿美元的资金。这些资金并非通过各种基金会或社团，而是通过居住在世界各地的个人筹集而来。他们并肩工作在贫富相遇的交叉地带，而这种贫富间的悬殊是如此巨大。

我曾是提高妇女权益的全球性运动中的国际发言人与提倡者，为了促进女性领导力的成长而奔走忙碌。这一过程中，我从许多人身上获得了宝贵的智慧与经验，他们致力于改善妇女的健康、经济与政治条件，并借由各种针对女性的项目与慈善活动来激发女性在金融财务方面的力量。

作为智性科学研究院的副主席，我拥有难能可贵的机会，与世界顶尖的思想家一起从人类意识的角度来审视金钱，探索我们的金钱文化。

我长期从事慈善事业，作为基金会的理事，我致力于将资金直接有效地运用在最紧迫的人类中心问题上。帕恰玛联盟是一个帮助土著居民保护亚马孙雨林的组织。作为该组织的创立者之一，我游走南美，与当地的古老文化密切合作，那时，金钱的概念刚刚进入这一文化的意识层面。作为逆转潮流联盟的总裁，我与当今一些重要的活动家和思想家一起，提出了各种策略与指南，为地球上所有的生命创造合理、丰盛且可持续性发展的生活。

在从事这些活动的过程中，我有机会与地球上最贫困的人们一起肩并肩地合作。我所说的贫困，指的是资源上的贫乏，比如塞内加尔北部的萨赫尔沙漠、印度的一些村庄、埃塞俄比亚裂谷、厄瓜多尔与危地马拉等一些位于中美洲及南美洲的国家，以及美国的一些地区，这些地区的人们生活在艰苦的环境条件下，饥饿与贫困是他们日常生活的伴奏曲。此外，我也有机会在瑞典、法国、德国、日本、加拿大、英国、澳大利亚当然还有美国等发达国家与地球上最富裕或者说资源最丰富的人们合作。

在金钱方面，我与多种文化有过深入的交往，这使我在我们与金钱的基本关系上，以及这一关系统治、主导与压迫我们人生的方式上，清楚地看到各种文化之间的差异与共性。我亲眼见证了许多人的真实经历，并从中了解到关于金钱的真相。这些人来自世界各地，包括尼泊尔的佛教徒、赞比亚的贫困农夫、阿帕拉契亚的单身女性、日本的房地产开发商、国家面临破产的厄瓜多尔政府高官以及澳大利亚的牧羊人，等等。还有那些将宗教信仰与金钱都与上帝联系在一起的人、相信金钱之神圣的人以及那些金钱在其生活中并不扮演任何角色的土著居民。

在每种文化、每个地方以及每个人的各种关系中，我都看到金钱对我们人生的掌控，也看到它能够带给我们的伤痛与磨难。除此以外，我也看到，当我们运用金钱来展示自己的人性本质——我们最崇高的理想以及灵魂最深处的使命与价值——时，它所具有的强大的疗愈力量，哪怕是极少的金钱亦如此。

我们融入他国文化时，所获得的机遇之一便是观念上的解放：在本国你可能对某些事情知之甚少甚至视而不见，而在国外就能够对此看得更清楚一些。这一点对我个人而言是千真万确的，对于成千上万个听我讲述这些故事的人来说亦如此。我在募集资金举办"金钱的灵魂"工作坊以及在"金钱的灵魂"研习院（Soul of Money Institute）提供私人咨询的过程中与他们分享了这些故事。我们所有人都又惊又喜地发现，与金钱的关系虽然是我们常常感到最矛盾、最犹疑、最不完美、最支离破碎的一点，它却也是我们找到自身完整性的地方与途径。当我与大家分享这些洞见时，无论是公共演讲、在工作坊还是餐间闲谈，人们事后（有时是几分钟之后，有时则是几个月甚至几年之后！）常常会告诉我，这对他们来说是一个转折点。他们在与金钱的关系上获得了一线光明，获得了思考的距离与空间，这使得他们能够看到以前视而不见的事情。

对我来说，这一金钱之旅既是地理上的，也是精神上的；既是情绪上的，也是实体上的；既是公众性的，也是私人性的。在这条殊胜的道路上，我看到、听到人们借由金钱这面透镜与这个世界建立的各种各样的关系。他们的故事使我变得谦卑，有时我会感到烦恼，也常常备受启迪，不过却总是对此心怀感恩。我觉得从这些林林总总、方方面面的经历中浮出的智慧并不独属于我，这是生命赋予我的智慧，让我将其传播给他人。我带着一颗既欣慰又充满责任感的心与大家分享这些智慧。我相信，重塑与金钱的关系是21世纪的我们于物质和精神上彻底改变生活条件的关键。

如果我们诚实、勇敢、缜密地检视自己与金钱的关系，便会发现一些真相，并会进一步在这些真相中发现殊胜的机遇与不可思议的力量。《金钱的灵魂》这本书为我们重塑与金钱的关系提供了一种方法，使这种关系更加诚实、自由且卓有成效，从而使我们无论经济条件如何，都能过上正直、诚信且完全展示自我的人生，展示出我们最深层的核心价值。

这本书的主题不是拒绝金钱或者削减花销，这也不是一本理财书，不过从这本书中获得的知识与智慧却与这些事宜不无关系。这本书所探讨的是如何与金钱建立有意识、充满喜悦的全面关系，以及如何学着去理解与拥抱金钱的流动。与此同时，这本书旨在运用"与金钱的关系"这一尚未被检验的门户为我们人生的各个面向带来彻底的改变。

目前，有各种各样的灵性修习与许许多多条道路带人走向完整，走向内心的宁静。探索自己与金钱的关系也会将你带到同样的地方。金钱也是通往完整与内心宁静的道路，这听起来似乎有些匪夷所思，不过，我就是见证者之一。我曾经而且正走在这条道路上，也遇到过许多同行者。这也是你的机遇，踏上这一非凡、殊胜之旅的机遇。它能够为你现在与将来的生活的各个面向带来巨大的转变。这是一条使灵魂走近金钱、金钱走近灵魂的神奇之旅！

第一部分
爱、谎言与大觉醒

第一章
金钱与我，
金钱与我们

金钱如穿鼻铁环，随心所欲地牵着我们的鼻子走。只是我们已经忘了，其实我们本是它的设计者。

——马克·金尼

这是亚马孙雨林中一个丰饶的村庄，远离人类文明，从任何有人烟的地方来到这里都需要10天的徒步旅行。查姆皮·沃什卡特与他的村民正在进行一项勇敢无畏、风险十足且前所未有的冒险——他们正在学习如何使用金钱。

尽管查姆皮已经26岁，直到几年前，他与金钱几乎没有任何接触。他所属的土著族——阿丘雅族，几千年来从未使用过金钱。在这段漫长的时间里，阿丘雅族的居民一代代长大，通过劳作养活家人、建造房屋、维持族群的运作，所有这一切，皆无须金钱的介入。无论过去还是现在，这些土著居民一直与影响他们生活的最重要因素，比如大自然的力量、他们彼此之间的关系以及他们与森林之间的关系和谐相处着，而与金钱没有任何关系。"互惠"便是他们的"社会通货"，他们互相分享，互相照顾。假如坦图的女儿与纳特姆的儿子成婚，他们的朋友与邻居会一起为二人建造一间房屋。如果有人猎到一头野猪，这便意味着整个村庄将迎来一场盛宴。生活的跌宕起伏主要取决于大自然的力量，即使有争战，也是为荣誉而战，与金钱毫无关系。

查姆皮在这种环境中长大，不过，作为新一代来改变这一切，却是他的使命。1970年早期，有传教士来到阿丘雅族，这也是他们与现代社会的首次接触。此后短短的20年，祖先留给他们的这片土地就成了石油公司以及其他商业企业的目标，这些公司试图砍光雨林以获取林中的硬木与地下的石油。1995年，我的先生比尔和我受阿丘雅族首领的邀请，与他们一起共同保护他们赖以生存的土地以及他们的生活方式。也因此，我与查姆皮——一位出色的阿丘雅族青年勇士——相识。

我们相遇几年后，查姆皮被阿丘雅族的长老与首领选中去美国学习。他是第一个学习英语的阿丘雅族人，如果想有效地与外界那些生态保护组织或商业企业沟通，英语是必不可少的工具。与此同时，查姆皮也开始学习当代西方社会的另一种语言：金钱。在一个与他的家乡完全不同的世界里，在这个几乎每个人、每件事都受控于金钱，有时甚至仅受控于金钱的世界中，"金钱"这个词是他生存的必学之词。

查姆皮借住在我们家中，在附近的学校就学，努力地学习英语。他像吸入空气那样接受"金钱教育"。无论他走到何处，"金钱"这个词及其意义都在空气中弥散，无处不在，从巨型广告牌、满报纸的商业广告与回荡在电视广播中的广告，到蛋糕店里松饼上的标价牌，令人目不暇接。通过与同学们闲聊，他了解到他们的希望、梦想以及毕业后的生活愿景，或者用他们的话说——"进入真正的世界以后将拥有的生活"，这所谓的真正的世界便是金钱的世界。查姆皮逐渐认识到在美国事情是如何运作的：实际上，我们生活中的每件事以及我们所做的每一个选择，食物、衣服、住房、学校、工作、梦想中的未来，以及是否结婚，是否生儿育女，甚至爱情，一切的一切都深受叫作"金钱"的这个东西影响。

时间不长，查姆皮就意识到，他与他的人民现在与金钱也有了千丝万缕的联系。金钱是有意义的。如果阿丘雅族人想要保护他们的雨林，就得面对一个事实——他们的雨林对他人来说极具价值，因为那些人能够通过他们的雨林大发横财。附近的一些原住民部落已经以残酷的方式了解到金钱的作用，他们用土地的使用权交换金钱，而这些钱却是来得快，去得也快。最后，他们失去了自己的土地、家、生活方式以及祖先留给他们的遗产。

阿丘雅族人将这一切看在眼里。他们认识到，他们所面对的挑战将是果断明了、始终如一地运用金钱的力量为他们最高的目标服务——保护雨林，合理运用资源，确保他们以及所有生命的可持续发展。他们知道，他们与金钱的关系——这对于他们来说是前所未有的——必须坚实地建立于他们自己的核心价值以及他们对生命与土地的最高承诺上。否则的话，他们便会步邻居的后尘，让金钱将他们的家园成为废墟。直至今日，他们依然不得不面对这一挑战，无论是他们彼此之间的关系，还是他们文化中代代相传的生活原则，都经受着严峻的考验。

阿丘雅族人在雨林——他们的家乡——中过着富饶的生活。他们拥有所需要的一切，而且千百年来都如此。一旦他们走出雨林，进入我们的世界，虽然只是迈出了小小的一步，但没有金钱，他们就无食可吃，无家可居，根本无法生活下去。金钱并非"可选项"，而是必要条件。比尔与我有幸能够见证并参与阿丘雅人与金钱世界的第一次真正接触，我们深深感到，这也是对我们的呼唤，呼唤我们重新检视自己与金钱的关系，以及我们的文化与金钱的关系。

正如查姆皮与其他阿丘雅族人，我们每个人都与金钱有着显而易见的关系。虽然大多数人并未觉察到或者检视过这种关系，但是，金钱影响、雕刻了我们的人生经历以及我们对自己、对他人的深层感受。无论你手中的钱是美元、日元、卢比还是人民币，金钱都已成为我们所有人生活中最核心、最关键的问题之一。在我的生活中如此，在我遇到的所有人的生活中亦如此，无论他们富可敌国还是一贫如洗。

每个人都对金钱感兴趣，而且，几乎我们所有人心中都隐约有着一种长期的顾虑，甚至是种恐惧，那就是，我们永远不会拥有足够的金钱或者无法保证自己总能拥有足够的金钱。我们中的许多人假装金钱并不重要，或者认为金钱本不该那么重要；还有不少人公然以积累金钱为首要生活目的。无论我们多么富裕或贫穷，"没有足够的钱或者将来也许不会有足够的钱"等诸如此类的担忧无时无刻不困扰着我们，使我们心慌意乱。我们越是努力去获取金钱，抑或努力忽视或超越金钱，金钱对我们的影响与钳制就越大。

金钱已成为我们评估一个人的潜力与价值的竞赛场，我们担心，如果我们不再努力挣钱，就会在某种程度上失去在团队中的地位或优势。如果我们在某一方面不再取得进展，就会觉得自己正在失去它；如果我们没有在财富上超过他人，或者与他人不相上下，就会觉得自己有可能落在后面，所以必须赶超他人。金钱上的竞赛时而激动人心，时而惊心动魄，然而，这一竞赛场上的风险却一直居高不下，胜者为王，败者为寇。

即使我们在竞赛中一直随心顺意，好运连连，也会时时感到有一个断层。我们所经历的人生似乎与梦想中的人生隔着一条鸿沟，每天都有一种压力敦促我们去挣更多的钱，买更多的东西，增加存款，拥有更多，并成为比现在"更好"的人。人们以为大量的财富会带来内心的安宁与自由，然而，那些富埒陶白的人并没能用他们的金钱获得宁静与自由。富人之间的竞赛需要较高的投入，但竞赛性质是一样的。比如，你是一位年收入1000万美元的首席执行官，不过，如果你的高尔夫球友刚刚获得一笔1000万美元的收入，你却没有，你在这场金钱竞赛中就被甩在了后面。金融投入越大，失去的可能就越多，可能就越难在这一竞赛中保持领先地位。没有人能够逃脱金钱那强大的力量，每个人都在不断变化的经济状况的影响下生活。

无论我们从何种角度看待金钱，从个人或家庭生活及工作的角度也好，国家民族的健康保障与社会福利也罢，都会看到同样的画面：金钱是当代社会最具普遍驱动力、最踢天弄井、最不可思议、最受诽谤、最被人误解的一个面向。

金钱究竟为何物

如果剥去几千年来的文化熏陶与假定，以全新的目光看一看金钱，就可以对金钱进行一些最基本的观察。金钱并非自然的产物，它不长在树上，也不会雨点般从天上掉下来。金钱是一项发明，彻彻底底的人类发明，人类聪明才智的产物，我们设想并创造了它。这个毫无生命的东西在其2500年到3500年的历史中，以各种各样的形式出现，比如贝壳、石头、金锭银锭、纸币或电脑发出的一声提示音等。最初，人们发明金钱是为了方便个人及群体之间所进行的物质及服务上的共享与交换。现在，金钱依然具有这一辅助作用，不过，随着时间的流逝，我们赋予金钱的力量已远远超过了它最初的实际作用。

如今，我们不再把金钱看作是我们创造且掌控的工具，而是将其看作一种自然现象，一种需要我们去面对的力量。这个被称作金钱的东西，这些被我们大量生产的硬币及纸币，其本身的力量并不比一个记事本或一张面巾纸强大，现在却成了我们生活中最具控制力的东西。

金钱的权力都是我们赋予的，而我们也确实给了它极大的权力，我们几乎给了它最终的决定权。只需看一看我们的所作所为，便可明显地看出，我们已经使金钱变得比我们自己还重要，使金钱的意义大于人生的意义。为了金钱，人类已经而且也会继续实施各种劣行。他们为钱杀戮，为钱奴役他人，也使自己在追求金钱的过程中沦为金钱的奴隶，过着毫无喜悦可言的生活。

为了金钱，人类严重地损害了地球。我们摧毁雨林，填河筑坝，砍伐红杉，过度捕鱼，用各种工农业化学废物污染土壤。我们将一些社会阶层边缘化，强迫穷人搬入国民住宅社区（通常为低收入家庭设计建造的住宅区。——译者注），允许郊外贫民区的形成，四处寻找廉价劳动力，漠然地看着成千上万、甚至是数百万人沦落。他们中有许多年轻人，为了金钱贩卖毒品，伤害他人，因此在犯罪、在被奴役、被监禁的生活中浪费青春。我们也一直沿承着各种古老的传统，这些传统在获取金钱及财权方面以迥异、不公平的方式对待男性与女性，使女性备受压抑，而给予男性金钱方面的特权，使得他们的期望与责任都变得扭曲。

在我们的生活中，金钱与真正的自由、喜悦等鲜有关联。尽管如此，我们却习以为常地允许它掌控我们的人生，还常常以它为最重要的因素做出工作、爱情、家庭以及友谊等方面的决定。世上很少有其他东西能像金钱一样，获得我们全面的首肯，我们完全接受其力量与权威，更别说我们对于金钱的看法与假定了。我们挑战人生其他方面的一切假定：种族、宗教、政治、教育、性、家庭与社会。但一说到金钱，我们不仅将其看作经济价值的量度，也把它作为认可任何人或事的重要性与价值的工具。当我们谈及人生中的成功时，金钱几乎总是排在首位，有时甚至成为唯一的度量工具。

在个人生活中，我们十之八九都曾经为了获取或保住金钱——或者我们认为能用它买到的权力——而折腰、占他人便宜或者做一些我们并不引以为豪的事。我们为了避免金钱上的冲突或不快而保持沉默。我们在金钱方面的所作所为也破坏了与他人之间的关系，因为金钱被用作控制与惩罚他人、逃避或操控情感的工具，甚至是爱的替代品。在那些巨富家庭中，许多人已身中贪婪、不信任或者控制欲的剧毒，优越的生活切断了他们与平民百姓之间的交往，使得他们无法获得人与人之间普通交往与真实关系的必要经验。在极度缺乏金钱的生活环境中，为生存而战很容易成为人生的主旋律，自我价值以及个体、家庭甚至整个团体与文化的基本潜力得不到正常发挥。对于一些人来说，对金钱的长期匮乏则成了借口，他们借此不去发挥自己的聪明才智与创造力，不负自己的那一份责任。

呱呱坠地的那一刻，我们来到一个被金钱定义的文化中，我们与金钱的初始关系则是该文化的产物，无论是诸如莫桑比克或孟加拉等贫穷国家，还是美国或日本等富裕国家都如此。借由早期经验，我们了解到金钱在家庭、社会以及我们生活中的地位与权力。我们看到谁挣钱，谁不挣钱；看到父母愿意或不愿意以何种方式获取财物；也看到金钱如何塑造人们的个人观点与公众意见。

在咄咄逼人的美国消费文化中，即使最年幼的孩子也被卷入与金钱的紧密关系中。他们在鼓励"不考虑个人与环境的后果，多挣多花"的媒体环境与大众文化中长大。在这种金钱文化的熏陶下，我们一生中各种貌似无害的日常行为逐渐使我们与金钱的关系变得扭曲。个人金钱问题，以及可持续性与社会公平等这些人类经济与环境的核心问题，显然都深植于我们与金钱的关系以及所处的金钱文化——我们生来便受其熏陶并不知不觉地将其全盘纳入——的土壤中。

金钱与灵魂：大分裂

对于我们中的许多人而言，与金钱的关系充满了矛盾，我们围绕金钱问题的行为常常相左于内心深处的承诺、理想与价值观——我称此为灵魂。我所谓的灵魂与任何宗教诠释都无关，而且当我提到"我们的"核心价值或者更高承诺时，并不是指我们对于政治、宗教、经济以及其他充斥我们生活的问题、要求与愿望都有共同的见解。我相信，在所有外在表象之下，如果我们深入探索，剥离他人告诉我们应相信的一切、在他人的愚弄与操纵下所相信的一切，甚至我们自己选择去相信的一切，我们会发现，对于人类真正至关重要的，我们最普遍、最共同的灵魂承诺与核心价值就是：我们自己、我们所爱之人以及我们所生活的世界的健康与幸福。

我们确实希望能有一个人人幸福的世界。我们不想看到忍受饥饿之苦的儿童；不希望地球上有暴力与战争——即使是在很遥远的地方；我们不愿酷刑、报复与惩罚成为政府的工具。每个人都想要一个安全、可靠、充满爱与关怀的人生，我们不仅希望自己，也希望自己所爱的人，其实希望每个人都能拥有这样的生活。我们都希望能够生活在一个健康美好的世界之中，希望每个人都能拥有健康、硕果累累的人生。

我也相信，在恐惧与沮丧——即使是最深层的恐惧与沮丧——之下，每个人都希望爱与被爱，并在他们的人生中有所作为。用不涉及宗教理念的灵性词语来描述就是：我相信人们都希望能够体验自身的神性，体验他们与一切万物的连接，以及那超出我们理解范围的某一更高力量的神秘。金钱文化在许多方面改变了我们，我们放弃更有觉知、更灵性的生活方式，不知不觉地侵蚀与破坏那些最深层的人类价值与最高承诺，有时，我们甚至背弃了我们自称最爱的人。

成功的塞壬之歌

20世纪70年代早期，比尔踏入商界，他的耳畔回响起金钱的塞壬之歌。他，以及其他一些在顶级商业学院获得工商管理硕士学位的年轻人，被一家业绩蒸蒸日上的著名公司聘用。这家公司的主要业务是代理运输及电脑设备的大规模租赁，通过收取代理费盈利，那一时期此项业务正在急速地增长。他们的公司越来越成功，发展越来越快，而且公司领导层设定的目标是：使他们公司以业界前所未有的速度晋级亿万美元公司的行列。那时，这是相当野心勃勃、激动人心的目标，不过却是完全可能实现的。大家都很振奋，每个员工，包括他们的伴侣，都意气风发地加入这一目标的实现过程中。我还记得，那时我非常兴奋，为比尔以及他的同事所取得的成功感到高兴，觉得这一切都是如此难以置信，我鼓励他，不去干扰他的工作模式：早出晚归，频频出差。

我们三个年幼的孩子——1岁的扎克瑞、3岁的夏玫和5岁的巴兹尔——是我们生活的中心，至少我们是这样想的。我们的婚姻以及我们与孩子们的关系是这世界上最重要的事情，至少我们是这样说的。然而，如果有人摄录下我们那段时间的生活并客观地观察，他们或许会说：事实不是这样的，他们并不关心他们的孩子。孩子们一直跟着保姆，主妇总不在家，要么跟着丈夫一起去参加毫无意义的活动，要么就是购物或娱乐，他们错过了孩子们成长的重要阶段，比如看着孩子蹒跚地迈出第一步，讲睡前故事，晚安之吻，或者那些有助于建立关系的自发行为。他们付得起请人照顾孩子的费用，买得起大量的玩具与华美高大的房屋，然而，即使他们与孩子在一起的时候，他们的大脑也在不停地运转，思考该如何达到下一个经济目标，或者如何让朋友们看到他们在日渐增长的财富面前依然能够保持恬淡的心态。

我们自我感觉对孩子很好，可是，如果你真的好好看一看我们如何支配我们的时间与能量的话，你会看到，我们的言行并不一致。

20世纪70年代中期，我们彻底陷入纸醉金迷之中，大把大把的金钱流入囊中，我们获得的一切，或者我们用钱买到的一切，都毫不例外地导致新的渴望、新的购买目标，或者购买更多东西的新理由。为了成为世人眼中的高雅人士，我们认为应该去学习品味红酒，学会后，我们当然就需要一个酒窖。我们买了一辆热门跑车，然后，当然又需要一辆旅行车，这样带孩子出门才方便。我们的房子相当豪华，但是，没有一些令人瞩目的艺术品当装饰，总是感觉缺了点什么。我们刚一涉足艺术，就想购买高水准的艺术品。朋友圈中的人纷纷开始购买夏日别墅，我们觉得这也应该是自己下一步的计划。一旦开始购买更贵的衣服，我们也就需要更新、更好的鞋，这样才配得上我们那些名贵的服装。然后，我们的大衣自然也不能比里面的衣服差，手表更不能逊色……如此这般，我们的购买清单越来越长，没有尽头。此外，在我们的社交圈子里，度假已成了富足生活的标志，如果你想受欢迎，不同寻常的度假经验是必不可少的。忽然间，开车去约塞米蒂旅行或者找个地方露营已经远远不够，去太阳谷滑雪或夏威夷玩帆船才是正道。就这样，一个接一个，每件事或者每样东西对我们都是如此重要。我们被某个力量牵着鼻子走，却丝毫没有停下脚步想一想，没有任何质疑。这期间，我们的孩子一直由保姆照顾，在条件优越、呵护备至的环境中长大，身边却没有我们的身影。我们很爱他们，然而，我们出门在外的时间却远多于我们所能接受的程度。尽管如此，我们还是会决然而去，因为我们的每一次出行仿佛都很重要，而且我们知道自己很快就会回到孩子们的身边。

旨在终结世界饥饿的全球性倡议活动——战胜饥饿项目——唤醒了我。当我第一次听到关于终结地球上的饥饿这件事时，就感到这一使命与我内心深处对于人类疾苦的感受相契合。记得小时候，那时我还是一个快乐幸福的孩子，有一天，我忽然意识到地球上还有许多人都在忍受饥饿之苦，我实在不理解为什么会这样。一想到地球某处有个像我一样的孩子竟然整日饥肠辘辘，我就会伤心烦恼。记得我当时下决心绝不能再让这种事情发生。但是，一个孩子，一玩起来，很快就把这种想法抛到脑后。不过那个念头却并未离我而去，几十年后，我听到战胜饥饿项目所传播的讯息：运用地球现有的资源解决地球上长期存在的饥饿问题。这唤起了我内心深处强烈的共鸣，我仿佛又回到了儿时——在我得知世上还有人受苦，我决定为解决这一问题贡献自己一份力量的时刻。我感受到灵魂的召唤，这种感受是如此的强烈与深刻，我根本无法否认或漠然处之。从那一刻起，我开始从物质上的追逐脱离出来。

25年之后的今天，可以说，战胜饥饿项目带给我一份意想不到的礼物，那就是，借由决心终结世界上的饥饿，我觉察到自身的内在饥饿以及我们那不真实也不适当的生活方式。从那时起，我们开始有目的地运用我们所拥有的资源——时间、能量、金钱以及我们多年来积攒的财产——来实现我们那"尽己所能，创造不同"的梦想。

比尔依然在公司工作，不过我们开始从不同的角度看待这一切。我们不再无休止地积累金钱或者用钱去买更多的东西，而是将他与他的同事所获得的收入看作为他人谋福的资源，用以资助他人以及那些为众人创造更美好生活的项目与活动。曾经是教师的我决定为父母一方工作或双方都工作的孩子建一所学校。我们带动朋友及家人一起参加各种社区建设、资金筹集等活动。此外，我们自己也积极投入到个人转变及社会变革领域的工作中，参加各种课程及工作坊，并鼓励他人也这样做。我们开始扩展自己的社交圈，不再仅仅局限于狭窄的社交关系，仅仅与经济上成功的人交往，而是去结识许多具有不同文化、生活背景及生活方式的朋友与同事。我们的生活圈子变得越来越大，越来越国际化，我们认识的人来自不同的文化、不同的社会阶层、不同的经济环境。

比尔与他的合作伙伴共同创建了一个公司基金会，我们都切身体验到为我们深切关注的事情、符合我们最高使命的项目奉献、投入金钱所带来的喜悦与力量。我们看到，将我们的钱用于解决饥饿问题确实能够取得相当的成效。我们为战胜饥饿项目添砖加瓦，也从中获得了一种充实感，这一切更加温暖并滋育了我们彼此之间以及与他人之间的关系。我们意识到，我们之前那种不断追逐、积累金钱，不停地更新换代我们所拥有的一切的生活，其实只是另一种形式的饥饿而已。我们也深刻意识到，我们真正渴望的其实是有意义的人生。我们渴望有所作为，也因此开始付诸行动。我们中有的人致力于各种倡议，有的致力于教育，有的关注贫穷问题，有的则致力于终止虐待或者为那些受虐待的人提供保护与疗愈。

这一心灵的转变也改变了我们与金钱的关系。一旦人们在金钱方面的决定更加符合内心深处的核心价值与最高承诺，就会立刻经历戏剧性的转变。我们亦如此，这些转变不仅体现在我们如何运用金钱上，也体现在我们对金钱、对人生、对自己的感受上。最后，我们也开始认知、了解自己，不因我们拥有什么，而是我们给予什么；也不因我们积攒什么，而是我们提供什么。

我在许多朋友身上也看到了类似的转变。无论他们的经济状况如何，一旦他们与自己的慷慨与承诺建立连接，就会以类似于我们的方式表达自己。我们认识到，虽然我们无法改变金钱文化，但我们能够更加清楚地认知、了解它。因此，当我们身处某些情境之中时，我们能够更清楚地认知我们与它的关系，从而做出更有觉知的选择，并采取相应的行动。我们不再觉得自己受困于对金钱的恐惧与期望，也不再盲目地追求更多与更好。对于我们中的每个人来说，金钱已逐渐成为一种彰显愿望与使命感的工具。

使生命更具意义的生活方式

我们每个人一生中都在金钱利益与灵魂召唤之间拔河。身处于灵魂的国度时，我们正直真诚。我们体贴、慷慨、宽容、勇敢且忠诚，了解爱与友谊的价值，为出色地完成了一件小事而自豪，能够体验到大自然的神奇与原始之美。我们开放、敏感且热诚，能够因所见所闻而心生感动，宽容慷慨是我们的自然本性。我们信任他人，也值得被信任。我们能够自由、欢畅地展现自己。我们内心宁静，坚信我们是某一更宏伟、更广大经验的一部分，是某一更伟大力量的一部分。

而当我们处于金钱的国度时，我们仿佛与我们熟知的那个"灵性的自己"失去了连接。就好像我们忽然被送到一个不同的游乐场，在那里，所有的游戏规则都变了模样。在金钱的控制下，灵魂国度里那些美好的品德仿佛都遥不可及，我们变得渺小。我们为了得到"应属于我们的东西"而不断竞争，人也变得越来越自私、贪婪、小气、充满恐惧，掌控欲越来越强，有时我们也会感到迷惘、矛盾或者自责。我们把自己看作胜利者或失败者、强者或弱者，并任这些标签以错误的方式定义我们，仿佛财富与经济权力是一个人是否优越的标志，没有这些，就是无用或无能，没有前途。我们变得警惕、不信任，小心翼翼地保护着自己那些微不足道的东西，或者变得软弱无助，悲观绝望。有时，我们觉得自己被迫去做一些违背自己的核心价值的事，紧随主流，不敢与众不同。

结果便是，我们于存在方式、言行举止及对自身性格及真诚与否的感受上都出现了深度的分裂。这一分裂，即我们真实本性的分裂，不仅在金钱问题上使我们感到困惑，也阻止我们将内在与外在世界融合起来，从而在人生中体验到完整——在这美好的时刻我们心中充满宁静，与生命合一。在我们的文化中，这种能够体验完整的宁静时刻已经少之又少，也已被金钱方面的噪音与纷争取代。这一鸿沟横在包括我在内的所有人面前，而且就在我们最艰苦的人生战场的中心。

维姬·罗宾在她的书《金钱或人生》（*Your Money or Your Life*）

中写道，有些人的工作并非是为了"谋生"（make a living），而是"拼死"（make a dying），有时则是"赢取暴利"（make a killing）。他们的工作并不会带给他们充实感，甚至可能会损害自己或他人的幸福。有的人则以自己的工作为耻，他们痛恨自己的工作，希望能够早日脱离这一工作。他们装出若无其事的样子，事实上，他们的精神却因此日渐萎靡。他们身不由己地陷入追逐与竞争之中，号称自己是在谋生，其实，他们正在拼死，或者赢取暴利。然而，他们自己并未意识到这一点，抑或不肯承认这一点。

金钱本身并没有什么问题，它本身并没有好、坏这一说，金钱本身也不存在有无威力的问题，是我们对金钱的诠释以及与金钱的互动关系捣的鬼，然而，这同时也为我们提供了自我发现与个人转变的机遇。我在后续章节中与大家分享的故事好似一场从极度富裕到令人震惊的贫困的"极端之旅"。故事的主人公大多居住在遥远的国家或地区。不过，我在自己身边也看到同样的故事，在我们日常生活中与金钱有关的抗争与选择上，以及我们对金钱的期望、梦想、恐惧和失望中。

或许，你需要仔细看一看自己的经历与言行，才会发现金钱的蛛丝马迹，不过，它们肯定是存在的，而且并非无谓的存在。你可以试着先从觉察开始，然后再了解并转化金钱的神秘及其所起的作用。你与金钱的关系也可以成为你展现自身的力量、能力以及最高愿望与品质的演练场。无论我们是百万富翁还是忽然间继承了一笔财产，我们都可以很好地运用金钱，与金钱建立健康的关系。

在这个仿佛金钱至上的世界里，加深与灵魂之间的连接并将其彰显在我们与金钱的关系上是至关重要的。这样，我们就能够创造一种新的灵性修习方法，让灵魂来平衡与滋育我们的金钱文化，我们与金钱的关系也会成为演练场，供我们每天进行这一有意义的灵性练习。

　　这本书是一份请柬，邀请您勇敢地面对金钱方面的挑战——对金钱的恐惧、痴迷与依赖，以及与金钱有关的懊悔、遗憾与伤痛，从而将这一切都当作个人成长与自我转变的机遇。如此这般，我们便为金钱赋予了灵魂。

第二章
走进印度：
饥饿之心，
金钱之魂

聆听生命，那深不可测的神秘。不仅在兴奋与快乐之时，也在寂寥与痛苦之中，感受、触摸、品尝、嗅闻它那隐秘的神圣核心，因为归根结底，生命中的每时每刻都是至关重要的，生命本身便是恩典。

——弗雷德里克·布赫纳

那是我第一次去印度，傍晚时分，我站在瓦拉纳西的恒河边，几只装饰有鲜花与火把的小木筏在天鹅绒般的河水中缓缓驶来。它们飘摇而过，就好像精美的狂欢节用品在水面上漂浮。我被它们的美深深触动，心中好奇它们到底是去参加什么庆祝活动，我也想加入其中。我问一位朋友，他告诉我这些漂亮可爱、以鲜花为饰的木筏是火葬柴堆，用来将尸体顺流而下带至岸边某处化为灰烬。听闻此言，我小小地吃了一惊，不过，这也同时拉开了我了解印度风光与文化的序幕。

印度是一个令人惊奇的国度，非同凡响的美与不可思议的苦难交织在一起。如果饥饿世界有首都的话，印度真是当之无愧。长期营养不良、食不果腹乃至极度饥饿的人在印度随处可见，远多于地球上其他的地方。在印度，大约有3亿人为了生存而痛苦地挣扎，他们的身影遍布印度各地，从加尔各答的街边与下水道到拉贾斯坦邦那干涸贫瘠的沙漠——在那里出现的任何一种生命形式都可谓是奇迹。

我的首次印度之旅是在1983年，那时我致力于终结世界饥饿已有五年之久。我一直是这一项目的活跃分子与募捐者。因为这项工作，我的足迹遍布美国、加拿大与欧洲，不过来印度还是第一次。我去印度是为了切身了解极度的饥饿与贫穷，结果呢，我在那里也发现了关于金钱与财富、人类本性与潜力的惊人真相。

与罗摩克里希那·巴贾吉一起行走

人们称罗摩克里希那·巴贾吉为"甘地的第五个儿子"，不过他与圣雄甘地——20世纪30年代通过非暴力运动使印度脱离英国统治的领导者——并没有血缘关系。出于感激，也因为印度传统，甘地决定抚养这个小男孩。罗摩克里希那是贾曼拉·巴贾吉——一个伟大的印度实业家与印度独立运动的默默资助者——的幼子。

我们可能很少会想到，甘地领导的独立运动还需要资助者，不过确实有人承担了生活费等一切开销，保证甘地与他的同伴们能够出现在需要他们的地方，并为甘地提供推进独立运动所需要的资源。贾曼拉·巴贾吉就是这个资助者，是甘地及其独立运动背后的巨大钱囊。他为甘地投入了大量的资金，为了表示对他的感谢，甘地遵循印度传统，提出抚养他最年幼的儿子。甘地自己已有四个孩子，因此，他收养罗摩克里希那后，大家都称这个男孩为"甘地的第五个儿子"。

这一当初的感恩之举为印度带来了延绵的福气，罗摩克里希那逐渐长大，成为一个伟大且优秀的人。13岁时，他已是甘地组织的非暴力青年运动的领导人，领导着数千名年轻人。他常年守在甘地身边，在公民不服从运动时期也曾锒铛入狱数月之久。罗摩克里希那逐渐成长为受人尊重的领导者，并最终成为他父亲所创立的工业与金融企业的领导人。巴贾吉企业——印度人称其为巴贾吉王朝——是印度最大的公司之一。作为这一企业的新领导人，罗摩克里希那成效卓越且慷慨无比，他创建了几个基金会，资助了几千个为众人谋福的项目。

我因有罗摩克里希那这样的人作为导师感到颇为荣耀。他像慈父一般，将我揽在他的羽翼之下，帮我了解这个充满极端与对立的国家。印度有着极致之美与精妙无比的灵性，与此同时，却又充满着凄惨无比的贫穷与令人心悸的压抑。

还记得我在孟买走下飞机，一步步走进炎热与潮湿之中。拥挤的人群在炎热中所散发的气味几乎使我窒息——许多首次接触印度的西方人都有此体验。那时，成千上万的人——他们中不乏乞讨之人——露宿在机场、通往机场的路边、孟买的大街、人行道、门口、楼梯间，无处不在。人们利用所有能够利用的空间，有的人蹲在作为火炉的金属桶旁边，用小小的锅烙着薄煎饼；有的人席地而睡，没有任何蔽体之物；有的人蜷缩在用纸、箱子、街边废物与绳索搭成的"小屋"中，许多人家有六口甚至更多的人，他们都一起挤在这种七拼八凑而成的简陋棚屋中。

我们在机场中穿行，刚刚走出行李提取区，就被一些乞讨者团团围住。他们纷纷靠过来，拉住我们，以唤起我们的响应。这使我感到震惊，有些不知所措。在印度的第三天，我更是受到了极大的冲击。在公众面前宣讲终结饥饿是一回事，真正地身临其境直接面对印度的饥饿则是另外一回事。在此之前，我并未看到这一工作的深度与广度，现在我与它面对面，没有回旋的余地。

这一天，我与罗摩克里希那一起走在孟买的街上。他被尊为甘地精神的传承者，被人们公认为卓越的实业家、慈善家、灵性领袖、优秀的父亲与伟大的灵魂。我们一起走在孟买的街上，我看到认识他的人都屈膝下跪，亲吻他的脚。与此同时，我也看到他对那些乞讨者不理不睬，就好像并未看到他们，好像那些人并不存在一样。他从他们身上跨过，仿佛并未注意到他们的苦难。

在孟买，尤其是我们去的那一带，真的需要从露宿街边的人身上迈过。他们要么伸出已经变形的手，要么将失明的婴儿举在你的面前，要么拉住你的衣服，要么在你身旁幽怨地哭泣向你乞讨。对于我这样的西方人而言，这一切都是如此令人震惊，目不忍睹，也因此，我根本无法忽视他们的存在。我满眼、满脑子都是他们，而罗摩克里希那却毫无反应地从他们身边走过。

他们只是向我乞讨，却不找他搭讪，仿佛他们之间有什么默契，或者他有一个无形的保护盾。他毫不理睬地直接从他们中间穿过，我深感惊讶，如此一个伟大、慈悲的人，却对那些人置若罔闻。这是我第一次认识到印度的光明与黑暗，如此伟大之人的光明与黑暗，为了能够有效地履行自己的职责，他必须忽视这些人，与他们保持距离，甚至完全无视这些人的存在。

后来我对这不堪忍受的贫穷与饥饿背后的真相有了更多的了解，这使得我对罗摩克里希那对那些乞讨者的行为有了新的看法。

爱、谎言与大觉醒

一个悲哀的事实是：乞讨在印度是一个产业，虽然其他一些国家亦如此，但这一情况在印度尤为突出。这听起来似乎难以想象，不过，在印度，乞讨确实是一个有组织的产业。印度许多地方都有类似于黑帮的组织，他们怂恿人们将自己的孩子弄成残疾人，以讨得更多的钱。这种组织不仅有效地保证了乞讨能够成为一种终生职业，甚至还创造了完整的产业链。

如今，种姓制度在印度虽已被废除，不过1983年时却余威犹在。它宣扬一种封闭式的人生观，一旦沦为乞丐，就永无翻身之日。根据这一人生观，你可以祈祷自己来世能够投生为优越的婆罗门人或其他身份的人，不过这一世，你与你的子孙则永远都是乞丐。既然如此，你最好还是尽量提高乞讨效率吧。

乞讨的成功之术在于使人们感到震惊、难过或歉疚，从而掏钱施舍，因此，那些组织或"老大"就向他们手下的乞丐传授许多方法，使他们的孩子看上去更加可怜。重重压力下，有的父母会在孩子的脸上划出伤疤，或者砍掉他们的手或腿，留下残肢。许多家庭都故意将他们的孩子弄成残疾人，从而提高视觉冲击，提高他们作为乞丐的创收潜力。

在我的国家，我看到人们为了金钱以各种方式伤害他人，比如离婚、争夺监护权、剥削他人、掠夺自然资源等。对此类以获取金钱为目的的错误行为持批判态度并不是什么难事。不过，现在我也认识到，我一直想当然地认为穷人中间因为无钱可争并不存在此类腐败问题，然而，在印度，我看到一些穷人也为了金钱做出残酷且自我毁灭的选择。

在这一精心组织的乞讨产业中，那些规划这种欺骗行为的人与那些参与、维持这一行为的人之间拥有一种病态、心照不宣的默契。那些因震惊或歉疚而掏钱施舍的人是为了平息他们内心的

走进印度：饥饿之心，金钱之魂

愧疚，然而，他们也扮演了推波助澜的角色，不知不觉地支持了这一野蛮的产业，无辜的孩子们则成了悲惨的受害者。乞讨者的需求既深刻又真实，确实无可否认，然而，他们所获得的金钱并无法使他们摆脱贫困，从而走出贫困的"恶性循环"。事实上，这些钱只是维持了这一有悖常理的行业，使得更多的儿童受到残害，成为牺牲品。

之后的几天，我学到了一课又一课，冲击接连不断，我多年来形成的关于金钱的观念与想法，以及我假定或者自以为了解的事情，都被彻底颠覆。我对于所谓的"穷人"与"富人"的看法也发生了改变，我认识到，我们关于"富人"与"穷人"以及"富裕"与"贫穷"的看法与信念，不仅没有起到阐明的作用，反而使人更加迷惑。

这里是乞讨者的剧场。他们上演幕幕戏剧，一群饥肠辘辘的乞丐竭尽全力，充分利用震惊、难为情与歉疚等情绪尽情演出，而我则被困在其中。我并不是说他们不需要钱来充饥或者疗伤，我想说的是，在这乞讨与施舍的过程中，存在着不可否认的不诚实的黑暗面。

罗摩克里希那利用自己的产业与财富以各种各样的方式帮助他的祖国摆脱贫困，却熟视无睹地迈过匍匐在他面前的人。罗摩克里希那的公司雇用了成千上万的员工，他身处印度社会阶层之巅，以无比的责任心与慈悲心扮演着他在公司与社会中的重要角色，事实上，他是一位伟大的慈善家，非常慷慨，也很有合作精神。不过我也看到，为了持守自己的愿景、目标以及他在这个社会中的地位，他不得不对日常生活中遇到的极度贫困采取视而不见的态度。而他也确实这样做了。

我们每个人都如此。我们都以某种方式在金钱方面处于一种盲目状态，而且我们也努力地保持这一状态。也许，我们害怕或担心，如果我们过多了解自己赚取金钱的方式或者某些花钱的决定所带来的真正后果，我们将不得不彻底改变我们的生活方式。举例而言，如果我们认真关注一下，会发现我们购买的许多廉价进口商品其实都是剥削童工的结果，我们都会对这一事实感到震惊不已，瞠目结舌。此外，我们为了生活舒适而肆意消费仿佛取之不尽、用之不竭的资源，如果我们认识到这种生活方式对环境带来的真正危害，我们是否会做出改变？如果我们好好看一看那些聘用我们、满足我们各种希望与需求的工业所造成的后果及影响，可能我们就不会再继续这样生活下去。如果我们认真检视一下自己在金钱方面关于他人的想法与假定，便可能会对那些我们曾经远离的人敞开心扉。

特蕾莎修女与财富之狱

我在一个天主教家庭中长大，多年以来，特蕾莎修女的事迹一直深深地激励着我。高中二年级时，我很认真地考虑过是否要成为一名修女。尽管我最终放弃了我的灵性生活与若干职业计划，特蕾莎修女却一直是我的人生偶像。20世纪70年代，身为一名年轻的母亲与妻子，我开始投入终结世界饥饿的工作。我时常想到她，以及她为生活在加尔各答贫民区的穷人，还有世上其他饱受饥饿与贫穷之苦的人所做的工作。第一次去印度时，进入眼帘的极度贫穷使我倍受冲击，那时我也想到了她，不知她如何能够整整一生都置身于这些被困苦折磨的人中间，甚至在世上那些最富有、最有权力的领导人都对她倍加敬重与赞赏之时，亦如此。

走进印度：饥饿之心，金钱之魂

因工作之故多次造访印度后，我对那里的感情也日渐加深。我决定去拜访特蕾莎修女。很久以来，我一直很渴望能够见她一面。很快，我发现我在德里的朋友圈子里有一个人认识特蕾莎修女，他很愿意帮我这个忙。

　　那是1991年5月，我去德里与世界银行的官员会面，探讨我们的战胜饥饿项目。一天清晨，这位朋友联系我，告诉我当天晚7点能够见到特蕾莎修女。我听闻激动不已。实在不敢想象，我一生的梦想——亲眼见到特蕾莎修女——几小时后便将成为现实。我取消了上午的一个会议，然后去新德里一家教堂参加弥撒。我在书店买了三本关于她的书，因为我觉得在见她之前应该加深对她的了解。我有些焦躁不安，不知见面时该对她说些什么，也拿不定主意该穿什么衣服去见她。因为这即将到来的殊胜机遇，我陷入担心、敬畏与激动的漩涡之中。我心不在焉地参加了几个无法取消的会议，脑中充满的却都是这一期盼了一生的机遇。

　　朋友为我安排好了这次会面的一切细节。晚上6点，有车来宾馆接我，司机认识去特蕾莎修女那里的路。我们的目的地是老德里一个昏暗、破旧的街区，那里是仁爱传教修女会的一家孤儿院的所在地，专门收容两岁以下的孤儿与弃儿。约好的时间到了，司机来宾馆接上我，我们一路穿过新德里，进入老德里。大约45分钟后，我们开进一条非常狭窄的街道，来到一座建筑前。砌在石墙中的门上挂着一个不是很显眼的牌子，这便是我们的目的地：仁爱传教修女会老德里孤儿院。司机将车停在前院等我，我一步步走上通往一道破旧之门的三级台阶。一张皱巴巴的报纸横在门前，我弯腰去拾，却发现皱报纸中躺着一个幼小的婴儿。婴儿还在呼吸，还活着！这是一个女婴，刚刚出生的、弱弱小小的女婴。我强忍着震惊，轻轻地将她从报纸做成的襁褓中抱出，小心翼翼地用我的围巾将她包起来。

推开破旧的木门，我进入一个房间，天花板上两根光秃秃的电线吊着两个灯泡，摇晃着为房间带来光明。干净的水泥地板被漆成蓝色，里面有39张婴儿床（是的，我数了），每张床里都躺着1到2个婴儿。地上还铺着一些棉垫子，一些婴儿躺在上面咿咿呀呀，还有的婴儿坐在上面玩耍。孤儿院里一共有50个2岁以下的孩童，加上我从门前抱来的婴儿，现在是51个，洋溢在房间中的只有婴儿的咿呀声和玩耍声、修女以及那些来帮忙的人彼此之间的交谈声，还有她们对婴儿温柔的说话声与哼唱声。

我将怀中的女婴递给来迎接我的修女。她身穿特蕾莎修女创建机构的著名的蓝白条纹纱丽，为又能多照顾一个小生命而露出快乐的笑容。我对她做了自我介绍，告诉她我来见特蕾莎修女。这位孤儿院的负责人告诉我说，特蕾莎修女并不在这里，她进城去保释两个涉入卖淫案件的少女。特蕾莎修女打算将她们带回孤儿院，并请二人帮忙照顾婴儿。这位修女边解释，边邀请我洗手，她换上围裙，加入照顾小婴儿的行列，我立刻投入了工作。

我先为一个双目失明的女婴洗澡，她大约有15个月大。然后，我接过一个约3个月大的女婴，她的一条腿只剩下一截细细的残肢。我边为她那幼小、畸形的身体洗澡，边为她轻声唱歌。多年来，我一直很关注与同情那些需要帮助的人，尤其是残疾儿童或者生活与教育均无着落的孩子。对我而言，这个孤儿院就像天堂一般，我在这里感受到神圣的恩典。

关于特蕾莎修女的故事常常引用她的一句话："通过了解我的工作就能了解我，我就是我的工作。"此时此刻，我为这些婴儿们喂食、洗澡，同时也深深地爱上了他们，我感到好像特蕾莎修女就在我的身边。在这极快乐的工作中，我完全失去了自己，时间仿佛已不复存在。不知过了多久，一位修女轻轻地拍了一下我的肩膀，我竟然吓了一跳，她对我说："特蕾莎修女在等您。"

这位修女带我一起穿行在走廊中。我们路过一间小礼堂，那里大约有20位修女正在做晚祷。她请我坐在门旁的椅子上等候，我的面前是一个光秃秃的过道，没有任何装饰。过道中摆有一张非常简朴的木桌，桌边还有两张椅子靠墙放着。我坐在那里，凝望着又暗又深的过道。这时，一个瘦小佝偻的身影出现了，我立刻意识到，这就是特蕾莎修女。

她从阴影中向我走来，熟悉的身躯佝偻而行。她面带微笑，神采奕奕。伴她而行的是一只黑色的拉布拉多犬，显然，它对她很是忠诚，默默地陪伴在她的身边。特蕾莎修女就站在我的面前！我激动得说不出话，跪下来亲吻她手上的戒指，还有那双瘦小、粗糙的手。然后，我本能地去亲吻她穿着凉鞋的脚。她将手放在我的头顶，静静地停了片刻，然后握住我的双手，请我站起来，和她一起走向桌边那两张椅子，坐在那里说话。我们一同坐下，刚一开口，我的眼中便充满了泪水。我对她说，一直以来，从我能记事起，她就是我的榜样，她所献身的工作也一直是我的灵感之源。我告诉她，我已经全身心投入终结世界饥饿的工作，在某种程度上，我的人生承诺是以她为榜样，以她所选择的勇敢的生活方式为榜样的。我请她为我年方二十、身染重病的儿子祈祷，为我身患癌症的母亲祈祷，然后我们开始谈论我的工作。

她知道战胜饥饿项目，也知道我这个人，知道我是这个组织的领导者，也知道我的任务之一是筹募基金。她对我说，募捐是一项伟大的工作，她敬慕我，为了战胜饥饿而承担起募捐的工作，这需要相当的勇气。

她谦虚地自称"上帝手中一支小小的铅笔"，她告诉我，她从我的眼中以及我所进行的工作中看出，我也是"上帝的铅笔"。她的话使我深深感动，我在她身上感受到无条件的爱以及与整个世界的连接，这种感受是如此强烈，我不禁热泪盈眶，千言万语都蕴藏在扑簌而下的眼泪中。

当我们正沉浸在这一深度交流中时，过道尽头忽然传来混乱的高喊声。

在他们进入我的眼帘之前，我先闻到他们身上的味道。他们是一对中年印度夫妇，两人都高大壮硕，浑身散发着刺鼻的香水味，看起来很是富有。妻子冲在丈夫前面，雄赳赳、气昂昂地向我们的小桌子走来。她戴着钻石耳钉和鼻钉，粗壮的双臂上戴满了五彩缤纷的手镯，许多手镯上都镶有昂贵的宝石。她浓妆艳抹，穿着蓝白相间的纱丽，外披金丝银缕争相辉映的华丽刺绣织锦。纱丽紧紧裹着她那肥胖的身体，在腰间勒出一道道汹涌的波浪。

和她相比，她的丈夫更高、更壮、更俗艳。他身穿白色的无领长袖衬衫，戴着镶了一圈黄晶的包头巾，每个手指上都套着一个戒指。在寂静的过道中，他们就像两只凶猛的怪物一样鲁莽地闯进我们这宁静、亲密的氛围中。

连个招呼都没打，既没理特蕾莎修女，也没理我，这个身材高大、嗓门也大的女人把一部相机塞到我的手中，然后夫妻俩把特蕾莎修女从椅子上拉起来，将她硬生生地靠在墙上，放在他们中间。他们则像两个巨大的异形书夹，将特蕾莎修女紧紧夹在中间，让我给他们照相。

"我们都没照成相！给我们照张相！"那个女人大声抱怨着，让我用她的相机为他们照几张相。我心中一股怒气油然而生，与特蕾莎修女在一起的美丽心情于一瞬间破裂成无数个碎片，淹没在我对这两个粗鲁、奢华的人的愤怒中。我按下快门，

走进印度：饥饿之心，金钱之魂

这个高个子女人又要求特蕾莎修女抬头看她，拍第二张照片。特蕾莎修女因为高龄以及骨质疏松症，身形佝偻，头颈前垂，这个女人毫不犹豫地用手托起特蕾莎修女的下颌，用力向上抬。竟然有人以如此的方式对待特蕾莎修女，我心中无比震惊，匆忙按下快门，拍下第二张照片，希望他们快快走开。这个女人一把抢过她的相机，夫妻俩也未对特蕾莎修女与我说声谢谢，又闹哄哄地从原路返回，消失在走廊的尽头。

特蕾莎修女坐回桌边的椅子，继续我们的谈话，仿佛刚刚什么都没有发生。而我，却几乎什么都听不进去，我的心中充满了对这对夫妇的气恼与愤怒，我感到自己体内热血沸腾，掌心出汗。结束谈话的时间到了，我含泪道别。我们互相亲吻彼此的双手，拥抱，告别。

我走出孤儿院，来到等候我的车前，坐进车中，开始了45分钟的返程。我浑身出汗，呼吸沉重，脑中一遍遍地回放刚刚那充满侮辱与强迫的可怕画面，想到那个壮硕的女人硬抬起特蕾莎修女的下颌，我再次被激怒，一个个关于他们的可怕念头在脑中闪过，我对这两个专横、可憎又傲慢的富人恨之入骨。我的身体紧绷，愤恨在我的体内澎湃。

车子一路驶向宾馆，大约15到20分钟之后，我才稍微平静了一些。我羞愧地意识到，在一个如此鼓舞人心、如此伟大的灵魂面前，我将自己降低到仇恨与偏见的层次。我回想了一下，我意识到特蕾莎修女本人并不介意这对有钱夫妇的行为，对她来说，他们是上帝的孩子，与她照顾的那些孤儿没有任何区别，她带着全然的爱与尊敬对待他们，然后又平静地回到桌边，继续与我的谈话。

我一直认为自己对所有人都持有一颗开放与慈悲的心，无论他们来自何方，也无论他们是谁。现在，我看到了自己的执迷与有限的同情心；看到了自己那丑恶的偏见，对富人与权贵的偏见。他们粗暴无礼，丑恶又无耻。他们不在我的接纳范围之内，我无法拥抱他们，将他们纳入爱的圈子。我也意识到，与这对有钱夫妇的偶遇使我首次认识到自己的这一偏见。这一课对我人生的影响是我始料未及的。

　　回到宾馆后，天色已晚，因为这一天剧烈的情绪波荡，我感到筋疲力尽。从一大早我听说能够见到特蕾莎修女的那一刻，到真正与她在一起，再到那令人不快的干扰，我的愤怒，然后则是我的觉知及愧疚，真像一整天都坐在情绪的过山车上。我点燃蜡烛，坐下来给特蕾莎修女写信。在信中我对她坦白了一切，包括我对那两位来访者的强烈的愤怒、仇恨与怨恨。我告诉她，当我看到自己的偏见，看到自己的同情心是如此有限时——甚至在她的面前亦如此，我是多么震惊。我祈请她的原谅，同时也请她给我一些建议。

　　几周后，我收到她亲笔写的回信。她的回答让我惊讶，她说，多年来，我一直通过自己的言行对贫困、身患疾病、微弱无助的人展示同情，久而久之，自然会发现自己在某一面上更容易表达自己，贡献自己的一份力量。人们都很了解贫穷的负面性，但却很少有人能够看到富裕的负面性，几乎没有人认识到富裕其实也常常是一个陷阱，也认识不到富裕所带来的痛苦：孤独、孤立、心肠变硬以及灵魂的饥饿与贫穷。她说，我几乎甚至根本没有对那些强者、权贵以及富裕之人表示出任何同情，虽然他们与世上其他人一样，需要的同情一点也不少。

　　"你要对他们敞开心灵，成为他们的学生与老师，"她写道，"敞开慈悲之心，对他们也如此，这是你工作的一个重要组成部分。不要将他们拒之门外，他们也是你工作的一部分。"

　　这个想法真使我震惊。当然，富人也是人，也有他们的痛苦与

走进印度：饥饿之心，金钱之魂

不幸，但我从未想过他们也是需要帮助的人。现在，我开始认识到，金钱能够为他们买来物质上的舒适，使他们能够避免一些日常生活中的不便与麻烦，然而，他们所拥有的金钱与优越的物质条件也会使他们远离日常生活的丰盛、更正常和健康的施受关系、更有意义的工作以及更好的人生体验。他们的财富常常使他们与金钱的关系变得扭曲，并使得他们在金钱方面的行为日渐背离灵魂的愿望。在筑起高墙的社交圈子、华屋高厦以及漆黑的车窗之后隐藏着一个不正常的世界，性虐待、精神虐待、各种上瘾症、酗酒、遗弃以及暴行都是这一世界的组成部分，毫不留情地拒绝与排斥、监护权诉讼、为了争夺更多的财产而卷入的法律纠纷，这一切使得家族成员之间变得越来越难以相处，甚至到了断绝来往的地步。巨额的金钱与至高的权力则会强化上述情况，使他们变得更加危险与残酷，令人无法忍受的残酷。

特蕾莎修女的警告以及我后来在募捐工作中与极其富有之人接触的经验教会我，财富并不会使人免于苦难。我认识到，那些拥有巨额财产的人——并非所有人，但是他们中的许多人都如此——因为与灵魂失去了连接而挣扎，他们被困在特权的监狱中，在这个监狱里，他们虽然拥有丰厚的物质条件，精神与情感上却极度贫乏；在这个监狱里，他们失去了与心的连接，并有可能成为金钱之最黑暗面的彰显。对于某些人而言，财富只是他们提高伤害能力的工具。

自从收到特蕾莎修女的信，我下决心对富人与权贵也同样敞开心扉，赋予他们同样的爱与慈悲，不再将他们有别于贫苦与饥饿之人。作为一个活跃范围涵括整个世界的募捐者，我有许多机会将这一点付诸行动，也确实亲眼看到财富负面的影响以及它对陷入其中的人所产生的伤害。金钱本身并无法保证充实的人生，有时，巨额财富反而常常阻碍人们拥有充实的人生。

饥饿成为我的老师

刚刚加入战胜饥饿项目时，我是坚信信念之力量的绝佳例子，因为我内心深处坚信，我们完全可以消除在地球上经久不衰、顽固不化的饥饿。这是我的立场，而且，一旦你选择了这一立场，并从这一立场出发，你的行为可能会不同于以往，不再相信饥饿是无法避免的，你唯一能做的只是采取行动使饥饿的问题不那么严重。当你确信我们可以完全解决一件事情，而不是仅仅使其略有改变的时候，你会以更加根本的方式投入工作，你不再自问"如果……又如何"，而是直接做出"该如何"的决定。你会直接切入问题的根源，并做出不同的选择。

以战胜饥饿为目标，在美国与欧洲成功地进行了五年的演讲与募捐后，我终于来到印度。映入我眼帘的那规模宏大、情况复杂的长期饥饿使我崩溃，我病倒了！不过，我并无退路可言，我不能说："哦，我知道了。我不想再进行这项工作了，因为这看起来实在太难了。"这个念头甚至根本没有在我的脑中出现。战胜饥饿项目并未因为任务艰巨而退缩，没有因为它看上去不可能实现而放弃，或者对自己当初的承诺大打折扣，号称当初只不过是说说而已，并不是认真的。恰恰相反，战胜饥饿项目借由个人转变与自我探索等方式汲取力量，以组织开展各项社会活动：

我需要成为怎样的一个人才能实现自己所做的承诺？

我需要将自己锻造成具有哪些品质的人才能做到这一点？

我想要将何种资源带给我自己，带给我的同事，并带入我的世界？

战胜饥饿项目这一独特的方式正适合我，正反映了我自己的人生方式。多年的经验告诉我，如果你以它为出发点的话，就绝不会失败。因为，这样的话，你会成为一个有力的工具，为人类造福的工具。你会变得更加谦逊，更加有勇气。如果你放弃自身那些琐碎的利益，以全人类为目标，深入灵魂，唤醒自身的伟大，你一定会如愿以偿的。

对我来说，这一切都彰显为筹集资金的工作。我知道我能够、也终将筹集到足够的资金，以实现终止饥饿的目标。在我的心目中，筹集资金以终止饥饿并不仅仅是一项工作、一种时尚或一个政治观点，它是我自身之灵魂愿望的展现，只有这样，我才能号召他人去实现他们自己更高的使命或灵魂愿望，成为他们想成为的人，去创造他们想创造的不同，并学会如何运用金钱来彰显这一切。因此，我并不觉得筹集资金就是伸出双手祈求人们捐助，也不是通过情感冲击从捐助者手中获取更多的资金。对我来说，募捐是一个演练场，我在那里为人们创造机会，帮助他们彰显自身的伟大。

正是在募集资金的灵性层面——与灵魂建立连接的层面，在一次次推心置腹的交谈中，我看到了深度的伤害以及人们在金钱方面的矛盾与冲突。许多人觉得他们出卖了自己，成为他们并不喜欢的人。有些人则强迫自己做毫无意义的工作，许多人更是觉得政府过高的税收把他们变成了奴隶。也有的人觉得自己深受老板压迫，或者为了支撑自己的家族企业，为了能够支付雇员的工资而累得喘不过气来。他们与金钱的关系死气沉沉，没有任何活力，更准确地说，他们与金钱的关系充满了恐惧，赤裸裸的伤害、怨恨、痛苦的妥协皆在其中。人们屡战屡败，伤痕累累。虽然并非所有人都如此，不过，许多人在与金钱的关系上都处于不稳定、不自在的境况，无法展现出最出色的自己。他们在金钱面前感到渺小，觉得没有自由，无论他们拥有多少财富，都有如此感受。

　　人们与金钱之间有这种黯淡的关系，并不是因为他们缺乏专家建议或者实践经验。理财策略与技巧比比皆是，缺少的环节则是"个人转变"这一理念。

　　事实证明，一旦人们能够将金钱与他们内心最深处的灵魂愿望结合在一起，他们与金钱的关系就成为一个供他们实现深刻、持久的个人转变的场所，无论他们所拥有的金钱是多是少，也会成为这一转变的渠道。

　　每一天，人们关于金钱的各种谈话——如何赚取、获得、积攒、花费金钱或者如何投资——不绝于耳，我们所进行的谈话提供了一片空间，供人们以一种完全不同、富于启迪的方式对待金钱与人生。在这一空间中，如果他们将金钱看作表达他们最深灵魂愿望的方式，就会感受到以前那些凝滞的能量开始湍湍流动。

　　这并不是什么偶然的异想天开，它真实可靠，且与人们所处的人生境遇无关，也与他们拥有多少金钱来展现自己内心的愿望无关。在与金钱的关系中重新看到真正的自己，并以金钱为媒介彰显灵魂的真诚与完整，这一切所带来的喜悦正是对人们最美好的回报。

　　因为印度极其美丽又异常严酷的生活，以及为了筹集资金以终结饥饿而进行的各种谈话，我逐渐看清我们关于金钱、灵魂以及二者之间的鸿沟的各种观念与假设是多么的不完善，一个关于金钱与人类精神的全新真相展现在我的面前。我开始看到人们如何才能摆脱金钱的控制，以一种造福自己、造福世界的方式使金钱流入他们自己的人生，也借由他们流向整个世界。不过，为了做到这一点，就必须先面对一些重要的事实与虚构，其中排在首位的便是：关于匮乏的谎言。

当我们运用金钱来展示自己的人性本质——我们最崇高的理想以及灵魂最深处的使命与价值——时，它所具有的强大的疗愈力量，哪怕是极少的金钱亦如此。

第二部分

匮乏与充裕：寻找兴盛

第三章
匮乏：
弥天大谎

丰盛之自然法则贯穿着整个宇宙，不过它不会流经那些以匮乏及局限为信念的通道。

——保罗·扎特

多年来，我一直致力于改善人们的生活与境况，他们中的许多人生活在令人不堪忍受的环境中：缺衣少食，无家可归，没有自由，也没有机遇，匮乏感主宰着他们的举止与言谈，主宰着他们的生活。还有一些人，无论怎么看，他们所拥有的都远远多于自身的需要，更多的钱、更多的食物、更多的车、更多的衣服、更多的教育、更多的服务、更多的自由、更多的机遇，方方面面的"更多"。然而，不可思议的是，在那个过度丰裕的世界，他们的谈话主题也同样是"我们没有什么，我们想要什么"。无论我们拥有何种身份，身处何种情境，我们所谈论的都是：我们缺少什么。

我在自己身上也看到了这一点。对我以及许多人来说，每天早晨一睁眼，第一个念头就是："我没睡够。"接下来的念头则是："我的时间不够。"无论正确与否，"不够"这个想法总是自动地出现在我们面前，我们甚至从未真正地去考虑或者检视其真实性。我们把生活中的大部分时间都用来聆听、讲述、抱怨或担心我们所缺乏的东西：我们没有足够的时间，得不到足够的休息，身体锻炼得不够；我们没有足够的工作可做，即使工作足够也没有获得足够的回报；我们没有足够的权力；我们没有足够的周末去做自己想做的事。当然，我们也没有足够的金钱——永远都不够。我们不够苗条，不够聪明，不够漂亮，不够健壮，所受的教育不够，不够成功，也不够富有——永远都不够。清晨，从睡梦中醒来，我们还未坐起身，脚还没着地，就已经成了一个不够优秀、落在他人之后、已然失去或者缺少某些东西的人。到了晚上，上床休息前，我们的脑中业已塞满了"今天我没有得到什么或者没有做成什么"等诸如此类的念头。我们带着这一堆念头入睡，一觉醒来，又一头扎入"匮乏"的幻象之中。

　　"匮乏的旋律"日复一日地重复着，成为我们思想的"默认设置"，被我们应用于生活的各个方面，从口袋里的钱到我们所爱的人，甚至我们自己的人生价值。"不够"本来仅仅是对忙碌生活——抑或匮乏生活——的一个简单描述，它却渐渐地成为不得志的坚实理由。它成了我们不能得到我们想要的或者不能成为我们想成为的人的借口；成了我们无法完成预期目标、无法实现梦想的托词；成了他人让我们失望的解释；成了我们牺牲自己的真诚与完整、自我放弃、小看他人的借口。

　　在这一点上，无论是市区还是郊区，纽约还是托皮卡，比佛利山庄还是加尔各答，处处都如此。无论我们是生活在贫瘠的环境还是富饶的地方，即便我们拥有巨额的金钱与财富，甚至获得了自己想要的一切，我们潜意识中依然认为自己是匮乏的。匮乏成了人生一个毋庸置疑，有时甚至是不言而喻的界定条件，甚至我们并不一定真的体验过匮乏，并没有"缺少什么东西"的实际经验。匮乏，作为持续出现在我们生活中的一种"不足、不够"的感觉，已经成了我们思考、行动与生活的出发点。它严重影响了我们对自己的最深感受，并成为我们体验人生的透镜。通过这一透镜，我们的期望、行为及其所造成的后果都变成了自我应验的预言，也就是，人生充满了不足、不够与不满。

匮乏，作为一种内在条件、一种心态，活生生地体现在嫉妒、贪婪、偏见以及与生命的抗争中，它也深深地渗入了我们与金钱的关系中。因为匮乏的心态，我们与金钱的关系中不乏内心恐惧的体现，这种恐惧要么驱使我们无休止地追逐更多的东西，却永远得不到满足；要么迫使我们采取折中策略想退出这种无望的追逐；要么谈钱色变。在追逐或折中的过程中，我们与本是我们天性的完整与真诚决裂，我们背弃自己的灵魂，越来越远离自己的核心价值与最高承诺，最终陷入"分离"与"不满"的恶性循环而无法自拔。我们开始相信那些受功利驱使的商业与文化讯息——它们宣扬金钱能够买来幸福，自己也开始于外在寻找充实的人生。虽然内心直觉告诉我们，我们并无法通过外在因素获得充实感，但我们却觉得自己必须去寻找，就好像有什么力量迫使自己这样做，哪怕是金钱所能买到的最短暂的解脱与舒适感都可以。

有些人可能会说，就金钱与资源而言，匮乏本是最真实、最自然、最不可避免的根本基础，毕竟每样东西都是有限的。大约200多年前，美国独立战争期间，苏格兰哲学家、经济学家亚当·斯密说，"每个个体为了改善生活条件而做出的努力"能胜过任何阻

匮乏：弥天大谎

力。他所提出的现代（当时的"现代"）自由市场经济的基础原理认为，利己心这只"看不见的手"是起着主导作用的自然推动力。

不过，真是这样吗？这一理论假设到底有多自然、多准确呢？亚当·斯密这位在传统教育熏陶下的欧洲白人理论家所生活的世界是这样的一个世界：白人看不起土著居民以及有色人种，认为他们原始、野蛮，并不将他们看作充满机智与智慧之人——若干年之后我们的"文明"社会才逐渐这样看待他们。那时，无论是道德上还是经济上，占据主宰地位的白人阶层完全接纳并进行种族、宗教以及性别上的歧视。时至今日，我们已经认识到地球上的一切万物都是彼此关联的，这一觉知对我们、我们的财富与安全有着深重的影响，也必然将利己心扩展为全人类的利益。而在那个时代，利己心与民族主义依然占据主导地位，人们尚未认识到万物的一体性，那时的基本经济理论体系完全基于并不完善的假设与错误的思维——人们关于大自然、人类潜力以及金钱的错误假设与思维。

与亚当·斯密同时代的欧洲人伯纳德·列特尔——他曾经是比利时中央银行的高级官员以及欧元的主要缔造者之一——在他的著作《关于人类财富》中写道，贪婪以及对匮乏的恐惧是后天形成的，它们并不存在于大自然中，甚至也并非人类的本性。它们被嵌入金钱体系这个大泳池中，我们泡在泳池中已经如此之久，这些阴影对我们来说几乎已经变得透明，我们对它们已经习以为常、熟视无睹，而且已经习惯性地认为它们是再正常、再正当不过的事。他总结道，更准确地说，亚当·斯密的经济体系只不过是根据个体的贪婪而分配有限的资源而已，斯密所描述的整个"现代"经济过程其实完全根植于贪婪以及对匮乏的原始恐惧，使这个过程成为现实的工具则是金钱。

如果我们走出这一扭曲、过时之体系的阴影，以及它所导致的

匮乏与充裕：寻找兴盛

心态，就会发现匮乏其实是一个谎言。它与各种资源的实际数量并无任何干系，只是未经权衡、错误虚妄的假定、观念与信念体系而已，其出发点是，我们生活在一个愿望随时都可能落空的世界。

富裕的人不会生活在对匮乏的恐惧之中，这一假定听起来似乎很合乎逻辑，不过我却看到，匮乏感施加给富人的压迫并不比那些入不敷出或者仅能勉强维持生计的人要少。富可敌国的人竟然也会觉得他们缺少什么，这听起来实在是匪夷所思，毫无逻辑可言，然而，当我一次次地遇到这种情况后，我开始好奇他们这种担心到底源自何处，因为他们的实际经历、他们所经历的一切都无法解释这一点。我想知道，他们关于"充足与否"的焦虑是否只是基于某种假定，而不是来自于他们的实际体验。我越检视这些观念，与生活环境、文化背景以及道德规范各不相同的人接触越多，就越认识到匮乏这一基本假定已经渗透在每个人心中。匮乏的观念几乎是所有文化的主调，它以绝对的优势凌驾于逻辑分析与实际证据之上，不仅如此，匮乏观念也导致了扭曲甚至是毫无理性可言的态度与行为，这一点在金钱方面尤为严重。我发现，无论是在政治、经济还是财富方面，匮乏的观念在我们心中创造了一种潜在的恐惧，恐惧我们或者我们挚爱与关心的人没有足够的物质资源来度过一个满足、幸福、富饶甚至聊且存活的人生。

匮乏心态并不是我们故意创造的，我们也没有刻意将这种心态带入生活中。在我们出生之前这种心态便已存在，而且它很可能会一直持续下去，超越我们而存在，永远留存于我们对金钱的观念中。尽管如此，我们却拥有选择的权利，选择是否深陷其中，是否任其主宰我们的人生。

匮乏：弥天大谎

关于匮乏的有毒迷思

迷思与迷信对我们的影响取决于我们对它们的相信程度，信则灵，只要我们相信，就会完全生活在它们的魔力下，执迷不悟。"匮乏"是一个谎言，然而它却被当作真理代代相传，正如一个力量强大的迷思，努力维护着自己的地位，要求人们顺从，不希望有任何怀疑与质疑。

因我的工作性质，我接触了许多在金钱与资源方面情况迥异的人，我发现，我们完全能够放弃这些信念与假定，放下并远离对我们有深重影响的人生观，不再受其桎梏。我们完全可以发自内心地认识到这并非是我们所有人想要的生活方式。如果我们剖析一下匮乏心态，就会发现界定我们与金钱之关系的三个迷思，它们也阻碍我们与金钱进行更诚实、更具充实感的互动。

第一个有毒迷思：资源紧缺

关于匮乏，第一个流传甚广的迷思便是"资源紧缺，不够我们所有人使用，无法用来维持每个人的生活，总得有人被淘汰出局"。地球上人口过剩，食物不够，水源不足，也没有充足的空气，没有充足的时间，没有充足的金钱。

"资源紧缺"已经成了我们做自己不喜欢的工作的理由，也成了我们彼此之间做出不以为荣之事的借口。"资源紧缺"的观念导致了一种恐惧，在这种恐惧的驱使下，我们一直都在设法确保我们自己或者我们珍爱的人不至于成为被碾碎、被忽略或者被淘汰的那个人。

一旦我们认定自己所生活的世界是一个匮乏的世界，我们的生命能量与思维言行——尤其是在金钱方面——就变成了一种展示方式，展示我们为了克服匮乏感，克服对"输给他人或被排除在外"的恐惧而做出的种种努力。想方设法为"自己"谋利则被看作高尚与负责的行为。既然地球资源不足以保证每个人的基本需求，那么，单纯为自己谋利，即使是以牺牲他人的利益为代价，虽然听起来有些不幸，却是不可避免的，人不为己，天诛地灭。就好像"抢椅子游戏"（儿童游戏，游戏者伴着音乐声在椅子周围绕圈走动，椅子数比参与人数少一个，音乐停止大家就要抢椅子坐，抢不到椅子的人就算出局。——译者注），因为椅子数少于游戏者的人数，你就必须小心不要输给别人，不要在混乱中成为那个抢不到椅子的人。我们不想成为独自站在椅子边的那个可怜的笨蛋，因此，我们努力竞争，想比他人得到的更多，从而避免即将来临的厄运降临在我们头上。

这种匮乏感与恐惧也反映在我们的生活方式上，以及我们制定的用以掌控任何我们认为珍贵与有限的资源的体制中。作为地球大家族的成员，我们基于恐惧的想法与观念有时也使我们将自己的物欲——比如为了获取其他国家的石油——置于他人或者其他国家与人民的健康、安全与福利之上。在我们自己的生活范围内，我们对"资源紧缺"之恐惧的反应则是，制定为自己谋利、防止他人获取诸如净水、卫生保健、优秀的学校或安全的房屋等资源的体系。而在我们自己家中，"资源短缺"之恐惧则驱使我们购买远多于我们需要的物品，甚至将自己不想要的东西也放入购物车中，并根据一个人在金钱方面对我们的价值，而不是其性格品质，来衡量他/她，决定是否对他/她好，或取悦于他/她。

第二个有毒迷思：多多益善

第二个有毒迷思是"多多益善"。无论是什么，只要我们拥有的比现在更多，就更好。如果你一直心怀"资源紧缺"的恐惧，这样想倒也合乎逻辑。然而，"多多益善"的想法驱动努力积累、竭力获取与贪得无厌的竞争文化，这种文化反过来又继续加深恐惧，进一步加快竞争的步伐。这一切都不会使人生更有价值。事实上，对于"更多"的追求使我们更难体验到我们所追求的，或者已经拥有的东西的更深价值。正如进食过快或过多就无法细细品味每一口食物，如果我们总是专注于"下一样东西"——下一件衣服、下一辆车、下一个工作、下一次度假、下一次装修，便很难体验到当下的拥有。在我们与金钱的关系上，"多多益善"的想法使我们难以活在当下，享受当下的美好。

"多多益善"是一场没有尽头的追逐与没有胜者的竞赛。人们就好像跳上了仓鼠轮，不停地奔跑，甚至忘记了应该如何停下来。最终，对于"更多"的追求逐渐演变成了一种上瘾行为，正如所有上瘾症一样，一旦受其掌控，戒瘾几乎是不可能的。然而，无论你走得多远、走得多快，也无论你已经超过了多少人，你依然无法胜利。对于一个具有匮乏心态的人而言，即使拥有的已经"过多"也依然是不够的。

对于一个年收入4万美元的人来说，年收入500万美元的人竟然会为其金色降落伞（美国聘用合同中公司控制权变动对高层管理人员进行补偿的规定。——译者注）补偿金的额度而争论不休，要求至少再多得1500万美元的补偿，这种行为简直是无法理解。还有

匮乏与充裕：寻找兴盛

一些人，他们拥有的财富虽然三生三世都用不完，但他们依然整日整夜地担忧炒股失利，担心上当受骗，或退休后没有足够的财富。在他们优越的物质生活中，任何真正的充实感都会被这些恐惧与焦虑蒙上阴影。已经腰缠万贯的人为什么竟然还认为自己需要更多的钱呢？他们的这种想法正是来自于"多多益善"这一早已深植人心的观念，我们大家都这么认为，他们自然也不例外。即使那些拥有大量财富的人也无法退出这场追逐的游戏。无论我们的经济状况如何，对于"多多益善"的追求都会索取我们的关注、耗竭我们的能量、剥夺我们获得充实感的机会。如果我们相信并执迷于"多多益善"的许诺，就会掉入一个无底洞，无论我们拥有多少，都是不够的，因为"更多"才更好。遵循这一信条的人，无论他们是有意识还是无意识地遵循——其实在某种程度上我们所有人都如此，都注定会陷入一种永远无法满足的人生，追求一个永远无法抵达的终点。因此，在这一匮乏文化中，即使那些资源充足的人也无法退出角逐。

"多多益善"对我们的误导远不止于此，它导致我们用财富上的成功以及其他外在成就来衡量定义自己。我们也根据物质条件与名下财产来评判他人，完全忽略他们那些无法估量的内在天赋。所有伟大的灵性教导都告诉我们要走向内在，这样才能找到我们渴望的完整，然而，基于匮乏感的竞争与追逐使我们根本没有时间与心理空间去进行自我觉察。因为不断地追求"更多"，我们完全忽视了等待我们去发现的内在完整性，不断增加财富的迫切心理使我们更加忽略对自我价值的深入探索。

我们需要拥有各种各样的东西，而且要多于其他人、其他公司或其他国家，这种信念常常是暴力、战争、腐败与破坏环境等行为的动力。在匮乏感的驱使下，我们相信自己必须拥有更多，更多的

匮乏：弥天大谎

石油、更多的土地、更多的军事力量、更高的市场份额、更多的利润、更多的股份、更多的财产、更多的权力、更多的金钱。为了获取更多，我们常常不惜一切代价以达到自己的目的，甚至冒着摧毁整个文化、伤害无数民众的危险。

其他国家真的需要美国快餐、主题公园与美国香烟吗？或者说，这是因为许多美国公司为了获得大量的利润，精明地将它们的业务国际化，丝毫不考虑对当地文化、农业、经济与公共卫生的影响，即使遭到当地社会的强烈抗议，也依然一意孤行下去。

我们真的需要那么多衣服、汽车、生活用品以及各种各样的小玩意儿吗？还是在时装广告、食品广告以及其他各种消费品广告持续、有计划的诱惑下的冲动反应？我们真的需要为一个五岁的孩童买一大堆生日礼物才算是庆祝生日吗？几样精心选择的礼物是不是便已足够？一下子就为孩子买许多其实他们并不需要甚至并不喜欢的东西，这到底是为了让谁开心呢？

盲目追求更多，这极大地促进了并无法持续发展下去的经济、文化与生活方式，这种生活方式使我们无法与人生中以及我们自己那更深刻、更富有意义的面向建立连接。

第三个有毒迷思：事情本就如此

第三个有毒迷思是"事情本就如此，没有任何出路"。我们没有足够的资源，资源当然是越多越好，而且能够拥有更多的总是他人，而不是我们自己。这实在是不公平，不过我们只能将这个游戏继续下去，别无选择，因为事情本就如此，这本就是一个无望、无助、不平等、不公正的世界，你永远也找不到出路。

"事情本就如此"只不过是一个迷思，然而它对我们的影响却可能最深重，因为你总可以为其找到充分的理由。所谓习惯成自然，传统思想以及多年来的假定或习惯都是阻碍改变的因素，我们觉得它们都很合理，也符合常识，事情本就如此，也将永远如此。我们因而变得盲目、麻木，甚至仿佛被催眠一般，而究其根本，则是对匮乏观念的屈服与认同。这种屈服使我们感到绝望无助、心灰意冷且愤世嫉俗。这种屈服一直限制、掌控着我们，使我们踟蹰不前，有时"缺钱"甚至成了一些人不承担义务，不尽自己的一份力量——运用自己拥有的时间、能量与创造力——而创造出的借口。这种屈服使我们不去自问，在工作、个人关系以及商业机遇方面，我们是否常常"不得不"委屈自己，频频妥协，或者欺辱他人，占他人的便宜。

"事情本就如此"是对贪婪、偏见与怠惰——正是匮乏观念将它们带入了我们与金钱以及与他人的关系中——的辩护。多年来，它一次又一次地保护了美国的奴隶贸易，从而使得那些享有特殊权益的人能够用买卖奴隶赚得的钱营建农场、城镇、商业帝国，许多人由此发家致富，其中的许多企业如今依然存在。多年来，它更是一次又一次地保护与促进了种族歧视、性别歧视，以及对于少数民族与少数派宗教团体在社会与经济上的歧视，并使得这种歧视深植于人们的观念中，根深蒂固，难以动摇。它的历史如此悠久，时至今日，依然驱动着尔虞我诈、巧取强夺的生意方式，驱使政客们为了获取经济私利而剥削压榨他人。

全球范围内，"事情本就如此"的迷思将财富与权力紧密联系起来，巨富之人也拥有极大的权力，而且他们认为本该如此，这是他们的权利。举例而言，美国占据全世界4％的人口，他们所造成的污染——这一污染加剧了全球气候变暖——却高达25％。根据联合国于1999年发布的《2000年全球环境展望报告》，环境退化主要有两大原因，一是地球人口中仅占极少数的富人的过度消费，二是大多数人的持续贫困。与此同时，借鉴采纳西方体制的发展中国家正在复制一种经济模式，该模式将过多的权力赋予那些拥有巨额财产的极少数人，即使在政治上颇为民主的国家亦如此，并建立起有利于这些人的体制，完全忽略这些体制所固有的不公平性以及它们所带来的后果——对公共健康、公共教育与公共安全的负面影响。

我们常常对世界上的各种不公平感到遗憾或不满，然而，这一问题似乎根深蒂固，仿佛根本无法解决，我们也屈从于"事情本就如此"的想法，认为我们根本没有能力去改变这一切。因为屈从，我们放弃了自己的潜力，以及为了一个丰盛、公平、健康的世界贡献自己一份力量的机会。

"事情本就如此"这一观念也代表了我们在金钱方面最难转化的面向之一，无法放下这场追逐终将导致绝望无助与愤世嫉俗，你迟早会陷入困境，无法自拔。如果你不愿检视自己的思想，便很难摒弃将你带入困境的想法与观念。我们必须先放下"事情本就如此"的观念，即使只是短暂地放下，才能看到另一个可能性——世上本无"本就如此"的事情，也不存在"绝非如此"的事情。我们完全可以选择如何作为，并用自己的行动来有所作为。

"金玉良言"局限了我们的机遇

无论何种文化，迷思都扮演着宣讲道德教训的角色，匮乏感所创造的一系列信念——各种各样的"金玉良言"——则被我们当作民间智慧或个人真相而全盘接纳。我还是一个小孩子的时候，祖母

匮乏与充裕：寻找兴盛

常常对她的几个孙女说："最好为钱而嫁，然后再培养感情，先结婚后恋爱。"每次听她这样说，我们都哈哈大笑，她也咯咯笑着对我们眨眨眼。不过，说实话，她很相信自己的话，而且她确实就是这样做的。她于1900年左右结婚，嫁给了她能找到的最富有的男人，然后努力地爱上他。她希望我们能够听从她的忠告，虽然我们对她的话一笑而过，甚至还不乏嘲笑的味道，但这些话却深深地印在我们的脑海中。后来，她所有的孙女在自由寻找爱侣，寻找基于更深的信任、而不是基于金钱的爱情之前，都不得不先与这一信念分道扬镳。

在匮乏感的影响下，我们每个人都在与自己金钱方面上的"金玉良言"做斗争。它们有的如亲切的忠告，就像我祖母的建议那样以闲谈的形式进入我们的脑海，为我们提供片面甚至是错误的指导："不要花本金；如果你得先问价，就说明你买不起；金钱不能成为话题，讨论金钱是不礼貌的。"其实在某些情况下，愿意以有意义的方式花费本金，即使腰缠万贯也不铺张浪费，直率开放而不是迟疑且充满戒心地谈论金钱问题，这些都是至关重要的。

还有一些"金玉良言"是私人性的，是我们自己给自己的"睿智"劝告，展现在我们围绕金钱的各种有意识及无意识的行为中。比如，我刚刚成为募捐者时，基本上是百分之百的义务志愿者，只有帮别人要钱我心中才不会有不舒服的感觉。在私人生活中，我很高兴我先生负责管理家中的财务，将我从这一实际责任中解放出来。而且，一直以来，我告诫自己的"金玉良言"是：作为一个志愿者，我无法指望自己能有足够的收入谋生，无法在家中也担负起养家糊口的责任。然而，随着时间的推移，我偶然间意识到这一"信念"已经开始限制我的发展。如今，我依旧无偿地奉献自己的时间与能量，在家庭财务方面依然信任与依靠我的先生，不过我的人生经验中又多了一些元素，那就是挣钱的满足感以及理财的责任心。对我来说，这是一种个人成长，我在与金钱建立真诚关系的道路上，又向前迈进了一步。

可能这些"金玉良言"对你来说并不陌生。或许你一生中的大部分时间都是为了挣钱而工作，不过却不好意思或不敢去争取自己应得的加薪机会，或者明明知道自己的工作没有任何前途却不花时间与精力去寻找新工作，也不去参加培训以获得转行的机会。或许你继承了一笔遗产，觉得自己享受这些财富是天经地义的，或者对此心怀愧疚。或许你总是拖延着，不肯结算账目、支付账单，因为这些黑白分明的数字所带给你的讯息正是你不想听到的。或许你在亲密关系中不敢坚持自己在金钱方面的权利，因为你害怕这样做可能会导致的后果，也可能你在金钱方面的恐惧使你根本无法坚持自己的任何权利。

围绕金钱的大部分"金玉良言"都深受我们文化中关于匮乏的限制性思维的影响。根据这一思维方式，"成功"就是一个人挣了大量的金钱，一个成功的企业家指的其实就是一个挣了很多钱的人，产品质量、工作条件、职工报酬、管理形式以及该企业是否履行社会责任与义务都未被纳入评量条件。在匮乏思想的主导下，那些借由过度开发资源而获得巨额利润的人，被看作是更"成功"的人，远比教师或公务员等虽然薪水较低但通过工作来使我们的社会更加美好、更加充满关爱的人成功。

英文中富有这个词源自于康乐，其内涵不仅仅是大量的金钱，还有丰富、美满人生的意思。而且，过多的金钱容易让人觉得自己拥有某些特权，使人与世隔绝，从而失去一种真正的财富：人与人之间的交流与互动。

"贫困"与"贫穷"之类的词语本是对经济条件与环境的描

述，然而，它们却常常被用来贬低囊中羞涩之人的人性与潜力。

"挨饿的艺术家"这种说法使得我们接纳"这个社会看轻创造力"的事实。它暗示，我们之中那些依靠创造天赋谋生的人可能只会得到很低的报酬，其他人则有权剥削他们，在金钱方面压榨他们，或者在人性方面轻视他们。

诸如此类基于匮乏感的"金玉良言"或者盖棺定论性的说法只不过是逐渐渗入我们头脑的思想观念，然而，它们的存在却会进一步加强匮乏感的影响，并赋予金钱强大的破坏力。一生中的时时刻刻都有各种各样的讯息源源不断地涌入并深植于我们的大脑，它们来自媒体、广告、市场营销，还有我们的父母、祖父母与朋友们，这些讯息使我们相信"资源紧缺，必须努力为自己争取利益，多多益善"，而我们则深陷于这一游戏之中，无法自拔。

巴克敏斯特·富勒以及"你与我的世界"

因终结饥饿的工作以及它唤醒的我的内在使命感，我逐渐看清匮乏感以及广为传播的匮乏迷思。我看到它如何进入我自己的人生、朋友与家人的人生，以及与我合作过的许多人的人生，这些人来自世界各国，从贫穷的孟加拉国到富裕的法国、英国与美国。在我人生的一个转折点，我有幸听到伟大的未来学家与人文学者巴克敏斯特·富勒(人们称他巴克)的演讲。20世纪70年代，巴克为大众演讲，探讨基础科学中的一些迷思，这些迷思使我们无法真正认知，这个世界及其充足的资源其实足以保证我们每个人都过上富裕的生活。

后来，巴克成了我的良师益友。不过我第一次听他演讲的时候，我只知道他是一个备受争议的天才，一位以"正直时代"为主题周游世界进行演讲的设计师、工程师与建筑师。那时，我作为一位志愿者聆听他在旧金山的演讲。那次演讲大约有2000多个听众，我坐在倒数第二排，远远地看着这位身材矮小、能言善辩、光彩夺目的老人站在讲台上，滔滔不绝地阐述他的洞见与世界观，为我们讲述在他眼中这个世界是如何运作的。对我来说，他的观点并非仅仅引人入胜且激动人心，还非常具有变革性。

我完全被他的演讲以及他那标新立异的见地所吸引，不过，真正改变我人生的则是他下面的一段话：若干世纪甚至几千年来，我们一直在"资源紧缺"的信念下生活，因此我们必须为了能够将那些资源据为己有而不断争斗、不断竞争。或许，这一观点在某一时期曾经是正确的，也或许它从未正确过，然而，在历史长河中的这一点——20世纪70年代，我们已经有能力以更少的投入取得更大的成效，因此，作为一个人类大家庭，我们显然已经进入一个新的阶段，也就是说，地球上的资源足以满足甚至超过我们的需求，完全能够保证我们拥有健康、富裕的生活。这是一个大突破的时期，无论是在近代文明进化史还是整个人类进化史上都如此。

他还说，无论这是对早就存在的真相的认知，还是人类文明的转化，这都是我们进化史上的一个转折点，因为这意味着，我们的世界正在从一个"你或我的世界"——你我之间只能有一个胜者，我们必须去争去斗以看看谁笑到最后——转变为"你与我的世界"——我们所有人都是赢家。在"你与我的世界"里，我们所有人都有足够的食物、足够的水、足够的土地、足够的房屋等足够的基本资源让我们每个人都能够过上满足、安乐的生活。

巴克预测说，这一新的开端会完全改变我们的游戏规则。我们需要大约50年的时间来做出必要的调整，从一个"你或我"的模式

匮乏与充裕：寻找兴盛

进入全新的"你与我"的模式。后者的特征就是：我们拥有足够的资源供所有人安居乐业，没有任何人会被排除在外。他说，我们的金钱体系与金融资源体系都必须进行一定的调整，才能彰显这一新的模式，完成这项工作需要几十年的时间。尽管如此，一旦我们做到了这一点，就会进入一个全新的时代、一个全新的世界，那时，我们对自己、对这个世界的看法将发生翻天覆地的变化，这一变化是我们根本无法想象的。

　　这一观点，这一非同凡响的愿景，以及巴克关于人与人之间根本关系之转化的揭示，深深地打动了我，使我着迷。它完全颠覆了我的世界。我还记得，当时我坐在那里，满眼含泪，思考着他的话都意味着什么。还记得我当时想，这并不仅仅是我在一场知识渊博、慷慨激昂的演讲中捕捉到的一个有趣论点，这更是一个顿悟认知的时刻，唤醒了早已存在于我内心深处的觉知，他只是替我说出口而已。巴克敏斯特·富勒，一位令人尊敬的科学家、未来学家，一位拥有这些知识与资质的人，一位为这一理念进行了大量研究的人。迄今为止，在那一时刻所获得的意义深远的认知一直深深地印在我的脑海中。

　　1969年夏天，"阿波罗11号"的宇航员首次登陆月球，新的世界观由此诞生，这与巴克的观点有着异曲同工之妙。宇航员们从月球上拍摄的那些载入史册的、美得令人窒息的地球照片第一次让我们对地球有了清晰直观的认识，让我们看到了完整的地球——巴克称其为"地球号飞船"。从那一刻起，我们改变了视角，我们不再仅仅是"地球的一部分"，而是移出地球，与其保持足够的距离，从而能够看到地球作为一个完美整体时的模样，看到其柔弱、美丽以及精妙的完整。我敢说，这是一个美好的开端，国际社会、全球意识与全球人道主义的开端，从此，我们意识到，地球上的资源虽然有限，却足够所有的地球居民——人类、植物、动物等——使用，这一认知在将来必会成为现实。

正是因为这一世界观以及巴克带给我的洞见与启迪，我满腔热忱地投入到了终结饥饿的活动。

饥饿之谜与抵抗匮乏

饥饿与匮乏感显然是如影相随的伙伴，二者仿佛密不可分。我怎么可能在整日与缺衣少食的境况打交道的情况下，一味坚持"资源紧缺是一个谎言"的观点呢？我只能说，正是那些令人震惊的艰苦环境迫使我超越表象，看到内在。我也曾努力去理解饥饿的悲惨境地。饥饿并不是什么令人百思不得其解的神秘疾病，也不是基因突变，更不是大自然施展的蛮力。一个孩子感到饥饿的时候我们都知道该怎么办。我们也知道一个饿得要死的人需要什么，他们需要的是食物！就地球现有的资源而言，我们根本无法解释为什么地球上大约1/5的人都在挨饿或营养不良。地球上到处都是食物，目前地球上的食物足够供养几倍于地球现有人口的人。浪费的现象比比皆是，美国等国家甚至付钱给农民，请他们不要种植农作物。那些最终被送入屠宰场以供人食用的肉牛加起来所消费的资源足够供养世界上每一个饥饿的儿童与成人。

1977年，我刚刚开始投入终结世界饥饿的工作，那时我以为，人们忍饥挨饿是因为他们没有足够的食物，如果我们能够为那些饥饿的人提供足够的食物，这一问题便会迎刃而解，从此世界上不再有长久的饥饿。这听起来是如此合乎逻辑。然而，如果只要为世界上所有忍饥挨饿的人提供足够的食物便能解决这一问题，又如何解释迄今为止依然存在的饥饿问题呢？难道我们真的对此无能为力吗？在这个食物资源足够每个人生活的世界里，为什么竟然有4.1万人，每天都因饥饿或者与饥饿有关的原因而面临死亡？其中还有许多年龄低于5岁的孩童。

这到底是为什么呢？因为没有人关心这一问题？当挨饿的孩子因为缺乏食物而哭泣的时候，他们并不仅仅是"孟加拉孩子"、"意大利孩子"或者"我们这个城市贫民区的孩子"，他们同时也是"人类的孩子"。我们人类的孩子在哭泣，从人性的角度看，我们就该对此做出反应。难道我们就不能因为无法忍受他们的哭泣而采取行动，并作为人类大家庭的一员来关心他们吗？是什么使得我们这么多人都对他们的哭泣视而不见、听而不闻呢？是什么驱使我们决定只是照顾"自己"，即使我们有足够的资源去同时照顾"自己"与"他人"？

此外，如果"关爱"是解决问题的关键，那么为什么人们捐助的大量食品与金钱却无法长久地解决饥饿问题？

难道问题的根源在于分发不力？那么为什么美国饮料却无处不在，对于地球上的每一个人都是触手可及的？

难道问题在于物流？那么为什么美国等强国有能力将军用导弹与炸弹准确无误地运送到世界上任何地方？

难道是政治原因？我们真的就这么自私冷酷，忍心看着孩子们活活饿死，只因为作为成人的我们无法在政治与经济上达成共识？

到底是什么使得我们虽然听到那撕心裂肺的哭声却未能采取有效的行动？

与忍饥挨饿的人以及那些致力于终结饥饿的人接触越久，我心中就越明了，导致持续性饥饿的原因并不是食物的匮乏，而是比其更根本的原因。无论你将多少食物从A点运到B点，即使这能够暂时

匮乏：弥天大谎

帮助一部分人脱离食不果腹的境地，却无法真正地终结饥饿。

历史已经为我们上了这一课。1985年大量的援助物资涌入埃塞俄比亚，暂时帮助了许多人，然而却并未解决这个国家的饥饿问题，埃塞俄比亚依然是一个饥饿、贫困的国家。在1993年与1994年索马里出现危机之时，大量的食品被运送到那里，解决了一小部分人的饥饿问题，却使得内战中的索马里的暴力与腐败问题变得更加严重。居日利亚比夫拉战争期间，大量的食品被送往比夫拉；柬埔寨发生危机时，也有大量的食品被运送过去。这些援助本身是好事，也确实有一些人因此暂时不再受饥饿之苦，然而，这些援助行动却并未解决长久、持续的饥饿问题。

在这些大规模的食品援助活动中——这几乎已成惯例，有些援助物资被那些贪婪的政治掮客监守自盗，转手倒卖，借机大发战争财。不仅如此，大量的食品援助也会对当地农产品市场造成负面影响，也就是说，农民们无法售出自己种植的农作物产品。因为到处充斥着免费的援助食品——至少暂时如此，那么也就没有必要去囤积与销售这些粮食。这一援助所造成的恶性循环、腐败、倍受干扰的市场经济以及灾难性的农业投资反而变成了新的问题，更别说解决原有问题了。这一恶性循环只不过使得危机更加持久而已。

最终，此类大规模援助活动所造成的社会效应是，那些接受援助的人得到了部分援助食品，反而变得更加贫苦，更加无能为力。他们变得更加软弱无力，因为他们无法照顾自己，沦落为社会救济对象，承蒙"外人"一次次地帮他们脱离困境。他们觉得自己越来越渺小，越来越软弱。他们不得不按照要求做出某种表现来得到"免费"食品，这种情形使得他们倍受压抑，自给自足的未来愿景也变得渺茫。随着时间的推移，大量的金钱或其他援助物资通过建

匮乏与充裕：寻找兴盛

立在匮乏感上的体系流入社会，但这只能短暂地缓解恶况，援助与被援助的双方终将深切地认识到这种做法是多么没有效果。

这个问题已困扰我多年。多年来，我一直与一些志同道合的人一起并肩作战，想找到一个能够终结饥饿的方法。每当我思考普遍存在于我们之内的潜在信念，几乎存在于每个地方、每个体系、每个机构、每个观念、每个人（也包括那些正在忍饥挨饿的人）之中的信念时，我意识到，我们的社会中存在着一些基本假设，它们极具杀伤力，几乎可以抹杀我们为了解决饥饿问题所做的一切努力。而追根溯源的话，所有这些基本假设都归根于匮乏的心态。

无论我们的经济状况如何：

如果我们相信"资源短缺"，相信地球上的资源根本不够我们使用，我们就会接纳"有的人能获其所需，有的人则不能"的现象，认为"有的人天生就没福气"是合情合理的。

如果我们相信"多多益善"，将"拥有更多"等同于"更优秀"，也就是更聪明或更有能力，那么经济机遇不佳的人就会被看作不聪明、能力较低的人，甚至他们作为人的价值都会遭到贬低。我们觉得自己可以小看他们。

如果我们相信"事情本就如此"，就会认为自己处于无助的境地，相信问题根本就是无法解决的。我们会认为，在人类大家庭中，无论是那些富可敌国的成员还是那些家贫如洗的成员，都没有足够的金钱与食物，或者足够的智慧与智谋来找出一个彻底解决问题的办法。

战胜饥饿项目借由系统地挑战各种关于长期饥饿与食物援助的错误假定，揭开资源匮乏的迷思，开创新的机遇与可能性，并最终通过帮助人们学会自力更生来终结饥饿。无论何种情况，从一个单独的个体到人口众多的国家，揭露资源匮乏的谎言都是从无助到有

匮乏：弥天大谎

希望，从无奈放弃到自力更生之转化过程的第一步，也是最有力的一步。

我们经常从哲学的角度来探讨人生中那些"尚未得到答案的大问题"。现在，是我们来看一看那些"尚未被质疑过的答案"的时候了，而人类文化中最大、最未被质疑的答案就是我们与金钱的关系。在这个问题上，我们一直以极高的代价维持着资源匮乏感的生命力。

第四章
充裕：
令人惊讶的真相

如果你不再去努力获取自己并不真正需要的东西，便会释放出
无穷的能量，帮助你借由已拥有的一切来创造不同。一旦你运用既
有的一切来创造不同，就会拥有更多。

虽然距离我第一次遇到厄瓜多尔的土著居民阿丘雅人已近十年之
久，但我依然清楚地记得与他们初遇时的一点一滴，这一经历与我首
次面对印度之饥饿与贫困的情况完全不同。与阿丘雅人一起在热带雨
林中度过的那些日子，我见证了一个自性丰盛的民族。他们之所以丰
盛，并不是因为他们曾在某些经济竞赛中大获全胜，他们也没有以他
人的利益为代价，更没有在任何方面打败任何人。他们的丰盛在于他
们对待自己及他人的方式，而且他们顺天而行，遵循自然界那正确且
亘古不变的法则——我们所有人都终将依循这些自然法则而行。

他们的文化中没有金钱这个概念。在他们走出森林、冒险踏入
社会之时，才接触到金钱。对他们来说，金钱是一种稀奇古怪的辅
助物，并不属于他们的日常生活，甚至也不在他们的意识范畴之

内。尽管他们没有金钱，不具备所有权，不积累财富，也没有我们西方生活方式中的各种便利，他们却没有任何匮乏感，不认为也不害怕资源紧缺、不够他们使用。他们不去追求更多，没有苟且偷生，也不觉得自己的生活不如别人。他们一直且依然带着"一切都足够"——用我的话说就是"资源充裕"——的信念与体验生活。他们没有毫无止境地一味追求更多，而是珍视且用心地管理他们所拥有的一切。事实上，目前他们正致力于保护既有的资源，我们共同拥有的资源：热带雨林。对阿丘雅人来说，富裕的意思是：活在完美与丰盛的当下，并与他人分享。

　　对于我们这些生活在金钱文化中的人来说，在我们所处的环境中找到同样的宁静与自由是完全有可能的，而且不必舍弃金钱。多年来，我学到了许多关于"充裕"的知识，其中一些最伟大、最令人惊讶的知识正是来自于那些身无分文的人，比如阿丘雅人以及那些在令人难以想象的艰苦环境中为了生存而挣扎的人。塞内加尔一个偏僻的小村庄就是我的学校之一。

　　塞内加尔是非洲大陆最西端的一个沿海国家。很久以前，奴隶制度依然猖狂的时期，它曾是颇为富裕的法国殖民地。当年的农奴主所建的城堡还有监狱般的地牢至今依然傲立在这片土地上，只不过它们现在已经变成了历史遗迹及观光景点，供人思忆昔日人性与经济上的野蛮与残酷。

　　浩瀚的萨赫勒沙漠侵吞了塞内加尔的大部分土地，并年年扩张，伸向大海。萨赫勒的自然环境异常严酷，根本不适合生活，即使对那些生性适于沙漠生活的动植物亦如此。萨赫勒沙漠的沙子很细，细如灰尘，呈浅橙色。这些沙粒是如此细小，渗透力是如此之强，以至于靠近沙漠边缘的所有东西——街道、房屋、植物，还有人，都被覆盖上一层浅橙色的沙子。

我们战胜饥饿项目的捐助者与负责人一行18人来到这里，与当地一个小村庄的居民们会谈。驱车在沙漠中行驶几小时，就能抵达这个小村庄，我们来与村民讨论他们对新水源或者新家园的需求。司机将车开出附近的小镇，缓缓进入沙漠，我们浑身沾满了这种淤泥般的细沙。不仅如此，它们还随着我们的每一次呼吸毫不客气地钻进我们的肺部。我们沿着粗劣的路面一路驶进橙色的沙尘，映入眼帘的人、植物与动物也越来越少。没多久，进入我们视野的除了贫瘠的土地还是贫瘠的土地。天气又热又干燥，气温高达35度，我头戴一顶帽子，并用一条印度班丹纳花绸巾遮住脸，以防止将细沙吸入肺部。这里是如此萧瑟贫瘠，真是难以想象，竟然会有人生活在这种气候环境中。

过了一会儿，我们开上了一条未经铺砌的土路。然后，这条路又悄然消失在漫漫黄沙中。司机仅凭着指南针在一望无际的沙漠中行驶。我们的塞内加尔司机对这个沙漠了如指掌。行驶了一段路程后，在最前面领队的司机将车停下，关掉引擎，另外两位司机亦如此。侧耳细听，微弱的鼓声从远方传来，领队司机笑了笑，启动引擎，朝着鼓声驶去。随着我们一路向前，鼓声越来越大。很快，我们看到地平线上出现了一个个蠕动的小黑点，我们驶向它们，以为是什么动物。随着距离越来越近，我们可以看到，那些小黑点竟然是一群孩子，好几十个孩子朝我们的车队奔来，边跑边激动地大喊大叫。

我们来了，来到这个荒无人烟的地方。一路上几乎没有任何生命迹象，现在却忽然冒出一群兴高采烈的孩子，他们欢呼雀跃，手舞足蹈，浑身充满了无穷的生命力与活力。一瞬间，我泪眼盈盈，我的同伴们也因为这喜气洋洋的欢迎仪式而深受感动。越来越多的孩子们涌向我们，他们身后，远远地矗立着两棵巨大的猴面包树，孤零零地挺立在荒芜寂寥的旷野中。

猴面包树下，大约有120个人站在宝贵的树荫中。他们围成一圈，鼓手坐在中央，几位女性随乐起舞。随着距离的拉近，鼓声越来越响，喜庆的气氛越来越浓。我们抱起几个孩子，让他们与我们一起坐在车上，其他的孩子则欢快地跑在车旁、车后。这不可思议的神奇场景仿佛忽然间破空而降，男人、女人与孩子们，起舞、击鼓、欢呼、鼓掌，向我们高声致意，表示欢迎。

我们走下车来，几十位妇女身着美丽的塞内加尔传统服饰迎接我们，她们戴着漂亮的头饰，身穿宽松肥大、色彩鲜艳的棉布长袍。鼓声激荡，孩子们高声叫喊，妇女们发出尖锐的欢呼，男人们在歌唱……我从未见过这样的欢迎方式！

他们似乎知道我是领队，将我拉到正中间，妇女们围着我起舞，并邀我与她们共舞。我被卷入这一美丽的氛围，不由自主、自然而然地随着她们一起舞动身体。村民们欢呼鼓掌，我的同伴们也高兴地加入了我们的行列，我们一起跳舞、拍手、欢笑……时间与空间仿佛都已不复存在，我们也不再觉得又热又干，不再觉得有风有沙，这一切的一切都突然消失，我们沉浸在喜庆的气氛中，我们成了一体！

鼓声戛然而止，开会讨论的时间到了。人们席沙而坐，他们的首领先做了自我介绍，然后向我致辞。在翻译的帮助下，他告诉我，他们住在距离此处几公里的地方，前来此处迎接我们，他们非常感激我们的合作提议。他说，他们坚强能干，沙漠是他们的灵性家园。然而，他们还有他们以东的16个村庄正在面临着一个巨大的挑战，即将枯竭的水源正迫使他们做出不同凡响的选择。他的村民对沙漠以外的生活一无所知，他们以自己的土地为傲，然而，他们知道，如果水源条件没有任何改善的话，他们是无法在这里继续生活下去的。

他们从未得到过政府的帮助，即使在危机时刻亦如此。他们目不识丁，人口普查时政府并未将他们纳入其中，他们自然也没有选举权。政府对他们这些偏远地方的村民几乎没有任何关注。虽然他们适应力很强，但他们赖以生存的浅井即将干涸，他们意识到，自己必须打破传统的固有思维，想出不拘一格的新办法，才能安然度过即将到来的旱季。

他们信仰伊斯兰教，我们围坐一起讨论事情时，开口说话的都是男人。最中间的一圈人中没有村中的女人，她们只能坐在第二圈，聆听，观看，并不参与讨论。我明显感受到身后那些女人的力量，我感觉她们可能是解决问题的关键。在这片贫瘠的橙色土地上，貌似不可能找到任何有效的解决办法，然而，他们的态度、适应力与坚毅的神情却表明，只要我们齐心合力，就一定能够找到出路。

然后我问他们，是否可以和村里的女性单独谈谈。对于穆斯林而言，这是颇为奇怪的一个要求。根据他们的文化，毛拉（伊斯兰教职称谓。——译者注）与部族首领有着绝对的发言权，不过他们竟然同意了我的要求。与我同来的女性与村里的女性聚在一起，亲近地围坐在热热的沙地上。翻译是男性，不过毛拉允许他参与我们的谈话。

这个村子里，有几位妇女扮演着领导村中女性的角色，她们立刻讲出自己的想法：她们心里很清楚，就在这片土地下，有一个天然的地下湖。她们能够感觉到它的存在，知道它就在地下。她们在不同的"视景画面"中多次看到过它，希望能够得到我们的帮助，帮助她们获得村中男人的允许，挖一口深井，以获取水源。迄今为止，男人们对此并不赞同，一是他们并不相信水源就在地下，二是他们不想让她们做诸如此类的工作。根据部落的传统，女性只能做有限的工作，比如织布与农耕，制定计划或者挖井都不是女人要操心的事。

她们的话语欢快坚定，非常具有说服力。显然，这些女性知道自己都在说些什么，我应该相信她们，相信她们能够找到水源。她们唯一需要的就是男人们的允许，允许她们跟从那清晰明了的直觉。这也是她们需要"局外人"提供的唯一帮助，需要我们提供的唯一帮助。

当时，在座的所有人之间流动着一股强烈的集体能量，我们心中都充满了昂扬的斗志。我环顾四周，炙热的空气凝滞不动，上千只苍蝇在我们周围盘旋，细沙毫不客气地冲入我的嘴与肺。无论你心目中糟糕透顶的地方是什么样子，这里都会超出你的想象。然而，在我印象中，当时我并未感到口渴或者不舒服，我所真切感受到的则是这些勇敢美丽的妇女所拥有的希望与可能性。

动身前往萨赫勒沙漠时，我心想，此行或许会遇到一些绝望、饥饿、身染疾病、一贫如洗的人。这个村子的人确实需要更多的食物与饮水，但是他们绝不"贫乏"。他们并没有退出人生舞台，而是热切地希望能够找到一个战胜挑战的方法，积极地寻找机遇。他们本身就是力量之泉，坚持不懈，足智多谋。他们需要我们的合作与尊重，而并非救济品、金钱或食物，我们带给他们的正是平等的合作关系。

经过与村中男人及女人们的多次协商，我们与毛拉和首领达成了协议——我们可以与村中的女人们一起开始这项工作，因为她们曾经"看到"过地下湖的画面。男人们同意我们与她们合作，一起掘井。此后的一年，他们一直节俭使用现存水源，与此同时，女人们则利用手工工具以及我们带来的简单设备进行挖井工作。井越来越深，歌声与鼓声是她们工作时的伴奏音乐。挖井过程中，她们互相帮助照顾彼此的孩子，从未怀疑过是否真的能够挖到水。

男人们满心怀疑地看着她们工作，不过他们并没有打断或阻止她们。而这些妇女们却从未有过丝毫的怀疑。她们非常肯定，只要挖得足够深，就一定能够找到水源。结果她们真的如愿以偿了！她们找到了曾经多次出现在她们"视景"中的地下湖！

之后的几年，男人和女人们一起建造了一套抽水系统，还有储水塔。因此受益的不仅仅是他们一个村子，附近的16个村庄从此都有了足够的水源。整个地区也因此发生了翻天覆地的变化，17个村庄的妇女都成立了领导小组，负责组织开展各种活动。她们开始灌溉，也办起了养鸡场；她们还开设了识字班，做起了蜡染生意。这个地区渐渐兴旺起来，他们也成了对国家有一定贡献的国民。目前，他们又遇到了新的挑战，并以同样的尊严与责任心去面对这一挑战。如今，妇女们在村中的地位已经完全不同以往，她们比以前更有机会成为领导者。他们的部族非常自豪，因为他们用事实证明了一点，部族兴亡的关键正是他们自己，在于他们自己的努力以及他们赖以生存的土地。

充裕：珍惜并运用既有资源的力量

无论身处何种境遇，我们都拥有选择的权利：是退缩还是放下匮乏观念。一旦我们放下了匮乏观念，就会发现"充裕"这一令人惊讶的真相。我所说的充裕，指的并不是数量上的充足。"充裕"并不是介于贫乏与丰盛之间的一个数量级——例如比贫乏高两级或者比丰盛低一级，也不是对勉强够与绰绰有余的估量。"充裕"根本就与数量无关。它是一种体验，是我们创造的一种意境，是一种宣告，一种知晓，知道我们拥有充足的资源。

　　充裕感存在于我们每个人心中，并会响应我们的呼唤走上生活的舞台。它是一种意识觉知，是一种关注，是我们如何看待自身环境的一种有意识的选择。在金钱方面，充裕感帮助我们利用金钱来彰显自己的真诚与正直，运用金钱来彰显而不是决定价值。充裕感并不是说要简朴、削减开销或降低期望值，也不是说我们不必努力，也无须立志。充裕感是一种创造性行为，是创造不同的行为，它使我们充分认识到我们外在与内在资源的力量。充裕感是我们自内向外创造并彰显的一种意境，它提醒我们，如果我们认真看一看周遭与内在，就会找到自己所需要的东西。我们本就拥有充裕的资源。

　　一旦以"充裕"的心态生活，我们就能够找回那本是我们自然本性的自由与正直，能够带着对自身完整性的觉知生活，而不是殚精竭虑地去追求完整。由此，与他人分享流入我们人生的一切资源，比如时间、金钱、智慧、能量，将是自然而然的举动，无论这些资源从哪一层面流入都如此。在以充裕为基本旋律的意境中，无论资源之流是流入、流经还是流自我们，我们的灵魂愿望与金钱利益都会合二为一，创造出一个丰盛、圆满且充满意义的人生。

　　"充裕"是真相，它并不是什么虚无缥缈的妄想，而是一片坚实的土地，供我们脚踏实地地立足其上；它是一种意境，帮助我们与人生、与金钱以及金钱所能买到的一切建立全新的关系。我认为，无论是自然资源、人的本性，还是人与人之间的关系，都足以保证我们过上丰盛且满足的生活，无论我们拥有何种身份与社会地位都如此。我认为，如果你愿意放弃总想争取或积累更多的习惯，愿意放弃这种世界观，就可以把这些能量与关注完全投入在自己已拥有的人事物上。如此这般，你就会发现完全出乎你的意料、甚至在深度与广度上都令你惊讶不已的财富与宝藏。

相信"资源充裕"并以其作为人生的信念，这在目前这个时代尤其重要，也会为我们带来无穷的力量。在金钱方面，我们依然可以继续挣钱、积蓄、投资，继续养家糊口，但不同的是，现在我们对自己与金钱的关系有了新的认知，也更加感恩珍惜我们所拥有的一切。在这种新观念的影响下，资源之流不再像指间沙一样从我们的手中流走，越来越少，而是成为滋育的洪流涌入我们的人生，我们则荣幸地成为暂时的受托人。我们与金钱的关系不再是对恐惧的表达方式，而是各种精彩机遇的彰显。充裕的心态能够使我们与金钱、与资源、与生命的关系发生翻天覆地的变化。

我并不是说，沙漠中有充足的水，或者孟买的乞丐们有充足的食物。我的意思是，即使在外在资源确实紧缺的情况下，自给自足的愿望与能力也是我们的固有本性，它们足以使我们面对这些挑战。只要我们关注这些内在资源，就会更清楚地看到我们内在的充裕（其实只有我们关注这些内在资源，才会更清楚地看到我们内在的充裕），看到我们内在拥有的一切，并因此开始采取有效、可持续的方式来面对出现在我们面前的任何资源有限的状况。一旦我们不再盲目追求更多，而是有意识地去检视与体验既有的资源就会发现，我们所拥有的资源远多于我们所知或所想。在我们的关注下，关注本身就是一种滋育，我们的资产会变得越来越多，越来越丰盛。

在我们与金钱的关系上，以及运用灵魂使命的力量来扩展与增加财富的面向上，这一点尤其正确、有效。如果我们认真觉察一下，看一看围绕金钱的争斗与挣扎如何使我们疲惫不堪，再看一看当我们将金钱与灵魂调谐后那极大的解脱感就会发现，这一点是千真万确的。

为了"充裕"而进行的争斗与挣扎与我们拥有多少财富无关，它只关乎我们与金钱的关系。关于为了"充裕"而进行的挣扎与奋斗，我从那些富可敌国的人身上学到了一些重要的经验与教训。他们所拥有的金钱比我们大多数人一辈子能见到的钱都要多，尽管如此，他们仍然过着不满足的生活。财产过剩使得他们忘乎所以，或在"追逐更多"的竞争中惨然落马，他们并没有体验到被"充裕"与"足够"滋育的感受。

微软女强人：疾然错过"充裕"

　　1998年，我应邀为微软公司的高级管理人员做报告。当时，微软是世界上发展最快的公司，即使不是全球效益最高，也肯定是效益最高的公司之一。能有这次微软之行，我感到很兴奋，因为我将要为微软的女性高管们讲述发展中国家女性的生活状况。那时我刚刚参加完在北京举行的第四届世界妇女大会，很想与大家分享我在大会中听到的报告与激励人心的故事。其中一些做报告的人来自极其贫困的国家，在那里，妇女受压抑的程度远超过我们的想象。

　　微软为我购买了从旧金山到西雅图的头等舱机票，比我习惯乘坐的经济舱要奢华一些。走进头等舱，映入眼帘的是宽大舒适的座位与衣着阔绰的乘客，我意识到自己走进了一个少数人的世界，而听我演讲的那些女性们则是整日生活与工作在这一世界的人，她们都是公司的高级管理人员。我在简介中看到，这些女性的身家大约为1000万美元左右，她们的平均年龄为36岁，大多数人，至少半数以上都已成婚。我意识到，我正在飞往一家领先科技前沿的公司，去为一些在事业上艳压群芳、在私人生活中也极其富有、年纪轻轻便已相当成功的女人演讲。

坐着加长豪华轿车前往微软公司的路上，我的思路越来越清晰，通过将她们与世界上数亿名资源最匮乏的女性连接起来，我会为她们的人生带来截然的不同。我思考着这一连接对这两组有着天壤之别的女性分别具有何种意义，而我又是多么的荣幸，能够漫步在这两个迥然不同的世界中。

我被带着穿过微软庞大的公司园区，来到一幢雅致的办公楼，进入一间会议室，和将参加晚间演讲的人一起共进下午茶。我事先要求他们为我安排这次下午茶，因为我想稍微了解一下她们，想与她们聊聊天，这样我才能更好地与这些拥有不寻常的生活与工作经历的女性建立连接。

喝茶时，这10位年轻、精力充沛且非常自信的女性分享了自己的家庭生活与职业生涯。7位女性已经成家，有夫有子。当我请她们描述一下自己典型的一天时，她们形容了一个几乎千篇一律的快节奏、高压力的模式：早早起床，大约是5：30到6：00之间；对于她们中的大多数而言，一天中，她们与孩子们只能一起共进早餐，甚至连早餐都不能保证。她们都雇了保姆，保姆就住在她们家中，照顾孩子，料理家务。她们之中有6个人的丈夫也在微软供职。她们中的大多数人都说，她们自己负责孩子的早餐，照顾孩子，为孩子穿衣，然后，要么是保姆送孩子们去学校，要么她们自己去送孩子。然后她们就去公司工作，一般情况下，8点就已抵达公司。她们中的大多数午餐时间也不休息，并一直工作到晚上9点，有时甚至是10点。然后，下班回家，与丈夫共进晚餐——很晚的晚餐，亲吻已经熟睡的孩子或者是道晚安，然后又继续工作，直到凌晨1点。第二天早晨，有的人只睡了区区几个小时，又开始重复前一天的模式。她们中的许多人心中日渐惭愧，因为她们每天都说要早些回家，多睡一会儿，多锻炼一下身体，弥补一下一直没有时间去做的事情。然而，日复一日，她们一直未能实现自己的承诺，甚至未向这一承诺走近哪怕是微小的一步。

然后我问她们如何度过周末。她们中的大多数周六都会上班，偶尔也会去参加孩子的舞蹈会演或者足球比赛，不过，她们通常都会在周六工作到下午五六点钟。"周日呢？"我问。她们中的大多数都说，周日会待在家中，不过也承认，电脑对她们的吸引力远大于其他事物，她们常常在家工作至少半天的时间。

每天、每周、每月，她们对自己、对丈夫、对孩子保证，只要下一个项目圆满结束，就会多花些时间在家里，与他们在一起的时间多一些，与孩子们培养更加亲密的关系。然而，这一切都是空谈，几乎从未成为现实，她们自己也因为这些总无法实现的承诺而日渐烦恼。

她们告诉我，同事们也大多以这种模式工作与生活，她们并不是什么例外。她们都很富有，有能力支付任何照顾孩子、打扫房屋等家政服务，她们也确实这样做了，虽然她们并不想以这种方式经营家庭。她们说，很遗憾，在公司的核心部门工作，竞争异常激烈，因此必须付出全部的努力，必须将公司的任务排在首位，相比之下，自己的家庭则是次要的。每次她们不得不牺牲自己的家庭生活时，心中都会倍感烦恼，对自己感到失望。

然后我询问她们的社交生活，比如她们都有什么朋友，业余时间闲谈时都聊些什么话题。她们一个接一个地告诉我，电脑屏幕就是她们的人生。她们大多数的谈话交流都是在网上进行的，话题大多是新软件的开发，或者绩效目标与生产目标等。她们对外面的世界知之甚少，无论是西雅图还是美国，更别说发展中国家的人民或者其他国家或地区的妇女了。她们听说我晚上要讲一讲发展中国家

匮乏与充裕：寻找兴盛

的女性，都表示很感兴趣。但是，她们从未谈论过此类话题，而且这类话题似乎与她们的生活没有任何关系。她们忙着处理各种需要处理的事情，没有时间，也没有心思去关注其他任何的人与事。

我们也谈到了她们所拥有的财富。她们几乎无时间享受物质财产，金钱也几乎没有带给她们任何满足感。她们中只有一两个人曾经捐过款，几乎没有人有时间出去度假。她们的金钱被她们用来购买照顾孩子、打理家务等的各项服务，那也只是在帮助她们工作得更加努力，工作的时间更长，并没有带给她们任何自由，也没有带给她们原先所希望或者预期的活力。她们对自己的承诺则是，迟早有一天金钱会带给自己快乐，因为总有一天她们会退休，从此以后过上幸福的生活。

那天晚上，大约有100位女性参加了专为高级管理人员举办的晚宴。作家、历史学家理安·艾斯勒首先登台，讲述了最近一千年的妇女历史，内容主要来自于她的著作《圣杯与剑：我们的历史，我们的未来》。她为我们讲述了男性及"统治关系"占主导地位的社会模式，以及它与女性的"伙伴关系的社会模式"的不同——后者更具有合作与互助的色彩。然后，就轮到我讲话了。

与艾斯勒的学术与历史研究色彩不同，我的演讲主要侧重于日常生活，以及诸如塞内加尔与孟加拉等贫困国家的妇女的生活状况。她们和这些微软女强人一样，每天也工作16到18个小时，她们的主要生活任务就是照顾孩子与家庭。她们彼此之间的关系为艰苦的生活带来了一抹亮色，使得她们能够互相支持着继续生活下去。这些微软女强人们对我的演讲充满兴趣，我告诉她们，她们在全球妇女中身处高峰之巅，世界上只有大约1%的妇女能够像她们那样支配自己的经济资源，像她们那样影响自己的家庭。我邀请她们与在贫困中挣扎、每日生活费仅有2到5美元的10亿妇女建立连接。

我为她们讲述我知道也亲身经历过的故事，讲述发展中国家的妇女对家庭的贡献，讲述她们通过唱歌跳舞来自娱自乐。她们不仅与孩子们共苦，也与他们同甘，一起庆祝生命与爱。我为她们讲述那些妇女艰苦的生活环境，以及她们所遭受的压制、排斥与镇压，还有她们坚强面对每一天的勇气。我讲述了这些妇女如何留意生活中的小事，并因这些"微不足道"的小事而心存感激与感恩，还有她们彼此之间慷慨友好的关系——这也是她们生存的必要手段。在这种艰难困苦的生活中，人际关系是最重要的，互相关心是最重要的，合作、协同、保证每个人都有机会是最重要的。在这种相互佑助、相互关心的关系中，这些妇女不仅能够生存，还能够体验到她们所拥有的真正财富。

这些女性高管对我的演讲反响热烈，她们开始发自内心地检视自己的人生，认真地审视她们对于晋升的迫切愿望是否会令自己付出更高的代价，比她们当初预期或者愿意付出的代价还要高，比如因此而失去的家庭时间以及刚刚成家时那些不可替代的宝贵体验，还有与周围的人、周遭的环境之间有意义的互动关系。在座的许多人都真切地感受到，生命或许真的正与她们擦肩而过。

我并不是鼓励她们辞职，我只是邀请她们与自己的姐妹建立连接，学着了解这些发展中国家的妇女，仅此而已。然而，因为讨论这些妇女的艰苦生活环境，这种关注创造了一个机遇，使这些女强人们后退一步，审视自己日复一日的奔忙与追逐，并认真思考是否真的还想这样继续下去，继续盲目、全身心地投入这场追逐。

然后我停下来，我们一起静思，进行自我觉察，这短短的时间足以使在场的许多人认识到自己对"更多"的追求——盲目与不懈的追求，追求更多的金钱、更高的职位、更大的成就。同时，她们也看到了这一追逐如何影响与主宰着自己的人生。她们还利用这一

匮乏与充裕：寻找兴盛

静思时间去检视自己从工作与家庭中获得的满足感，因自己的天赋与成就获得的满足感，还有公司对她们委以重任而获得的满足感。有意识地去觉察工作与家庭带给自己的满足感，这对她们来说还是第一次。

我记得自己站在她们前面，看着她们的脸，她们的面部表情更多的是满足而不是匮乏。我记得，当我邀请她们找一个伙伴，互相讲述工作与家庭生活中那些让她们感激与感恩的事情时，闪烁在她们脸上的快乐。房间里洋溢着快乐满足的气氛，她们一个个地站起来，与大家分享自己在生活中看到的圆满与充裕，以及她们以前如何因为追逐"更多"而步履匆匆，并由此错过了这一美妙的体验。

就职业竞争与家庭富足而言，这些女性确实身处金字塔的顶端。然而，她们参与的竞争反而剥夺了自己所有的胜利感与满足感，而且竞争规则也以"匮乏"为前提条件：她们必须争取更多，永远不够的"更多"，没有止境地追逐。从她们的故事中我看到，即使我们对自己做出"有一天就会停下来"的承诺，这一承诺也会成为空谈或者妄言，永远淹没在"要一直竞争下去、再来一个回合、再谈一笔生意、再进行一次……"的理由中。我也看到，营造一个脱离匮乏心态的环境所带来的美丽与力量，即使只是片刻的时光。匮乏观念只不过是一种心态而已，既不是不可避免的观念，也不是无法走出的牢笼，更不是天经地义的——"事情本就如此"。我看到，即使最有动力、最斗志昂扬的人也能够停下来，觉察一下。哪怕只是稍微检视一下，也会对我们的人生之路产生深刻、持久的影响。

此后的几年，她们中的几位写信给我，告诉我她们即将辞职，并与我分享做出辞职决定后所获得的洞见与体验。她们中还有人写信给我，告诉我她们调整了在公司的工作方式，虽然基本过着同样的生活，但是，她们不再受控于恐惧、竞争与生存挣扎，而是从充实与感激的角度看待生活。她们中另外一些人则致力于各种社会活动，利用假期时间与家人一起前往发展中国家，体验那里的生活。还有一些人认识到贡献的喜悦，并投资慈善事业，以避免、改善饥饿、贫穷与不公平待遇等问题。其他一些人则从原来的工作部门调动到当时新组建的比尔与梅琳达·盖茨基金会工作，如今它已成为世界上最大、最富于开拓性的基金会之一。

我永远不会忘记那个傍晚。与会的女性们拥有如此多的财富，不仅仅是物质上的财富，还有发自内心的关爱与连接，而这种关爱与连接对于她们以前那种富裕却匆忙的生活方式而言，是可望而不可即的事情。她们渴望与他人建立连接，渴望与家人以及那些希望与她们合作的女性建立连接，渴望创造不同，这一切都是灵魂能量的强烈展现。我们所有人都拥有这样的渴望与机遇。那天晚上，她们的觉醒也是上天赋予我的珍贵礼物。

充裕永在

什么是充裕？我们每个人对此的定义都不同，尽管如此，我们却很少能够体验到充裕。我们到底何时才会感到满足，感觉自己已经拥有了想要与需要的一切，不多也不少？我们之中几乎没有人曾经有过如此的体验。正如微软的女强人们，我们大多都飘然越过"充裕点"，就好像它根本不存在一样。而且，拥有过多迟早会成为负担。那时，人们所拥有的远超过所需要的，过剩的资产、过剩的财富，人们只能在"更多"或"不同"中寻找满足感。我们所渴望的满足感是无法通过追求满足找到的，也无法通过追求"更多"

匮乏与充裕：寻找兴盛

来找到。

我们每个人都能够在与金钱、与他人以及与生命的互动中开垦出一片"充裕"或"足够"的园地，重获充实感与满足感。关于充裕，我们最伟大的导师就是自然以及地球的法则，这些法则无须不断修正，也无须在参议院争论不休。这些法则是我们的生活基调，无论我们是否承认这些法则，都得遵从它们。

伟大的环保人士达纳·梅多斯（又作唐奈拉·梅多斯。——译者注）说，地球最基本的法则之一便是"充裕法则"。她曾经写道，大自然明确地告诉我们，我们"就拥有这么多，没有再多的了。仅有这么多土壤，这么多水源，这么多阳光。生长在地球上的万物都在成长到适当的程度之后便会停止成长。地球不会变大，只会变好。地球上的万物学习、成长、多元化、进化并创造出令人惊叹的美丽、新奇与精妙，不过它们都遵从某一绝对的界限"。

大自然为我们提供了无穷无尽的范例，这些范例无处不在，时时刻刻都在教我们如何在与生命的关系上取得突破性进展，从而与生命建立持续、健康的关系。而且，这一充裕的关系也会将我们不可持续的文化转化为可持续的文化。

我们能否在个人与集体层面上，在我们与金钱以及所有资源的关系上，都放弃"无论什么都多多益善"的假定？我们能否认识到"更好"并不在于"更多"，而在于更加深刻地体验既有的一切？我们能否重新定义"成长"这个概念，将其重新定义为认知与感激自己已经拥有的一切，而不是于外在不断地争取与积累更多的金钱和物质？

我认为"充裕"是一种精确且恰到好处的境界。我们可以在充裕的状态中快乐地生活。我们常常认为"丰盛"是一个很明确的概念，当我们拥有丰盛的生活时，我们肯定会知道或者意识到这一

充裕：令人惊讶的真相

点。然而，如果我们将丰盛等同于拥有丰富的物质条件，就永远体验不到丰盛。真正的丰盛确实存在，它从"充裕"中源源流出，它就存在于对"当下如是"之美丽与完整的体验。事实上，丰盛是一种自然现象，是根本的自然规律，即，我们拥有充裕但有限的资源。这一有限性并不是什么威胁，它只是设定了一种更精确、更恰到好处的关系——我们与自然的关系，这一关系要求我们以尊重、敬畏的态度对待自然，善用自然资源，认知它们的宝贵，并运用这些资源为全人类谋福。我从各种环境保护运动中看到，对于可持续性的探求关键在于我们能够认知并相信我们确实拥有自己需要的一切：不是认为某样东西正在从我们的世界中消失，我们必须拯救它，因为它正在不断地减少、衰竭，而是确信我们拥有自己需要的一切，不多亦不少，因此，我们必须利用这既有的一切来创造不同。我们必须明了，地球资源是有限且珍贵的宝藏，不过，它却足以保障我们的生活。

这个与自然法则相一致的观点为我们带来了全新的原则与假定以及全新的金钱文化。它教会我们如何成为金钱的管理者，而不是收集者；它教会我们如何有智慧、高质量地运用经济资源，使其成为我们内在财富的彰显，而不是外在财富的华丽展示。如果能够做到这一点，无论是美国的亿万富翁、危地马拉的农夫、城市里的单亲妈妈还是某公司的中层管理人员，"体验充裕感并以一颗尊重之心来管理与运用经济或其他资源"能够让他们每个人都重塑人生，使得所有人都能够拥有充裕感与满足感。这其中没有牺牲，只有满足。

作为一种境界、一种存在方式，充裕感为我们提供了极大的个人自由与丰富的机遇。它不像匮乏感那样教导我们要以"资源紧缺"、"多多益善"、"事情本就如此"的眼光看世界，充裕理念

匮乏与充裕：寻找兴盛

认为，这个世界的资源足以满足我们所有人的需要。"资源足够"的洞见与信念能够启迪并激励我们分享、合作与贡献。

或许，我们尚无法时时刻刻带着全然的充足感来规划自己的生活以及这个世界，然而，事实上，我们确实拥有充足的资源，而且，任何真正的丰盛与充裕都来自于我们对"资源充裕"的认知与肯定，而不是来自于物质过剩的情境。正如巴克敏斯特·富勒于20世纪70年代所说，这个世界足以保障每个人安居乐业，没有人会被排除在外。现在，我们完全拥有创造一个"你与我的世界"——而不是"你或我的世界"——的力量与资源。地球上的资源足够每个人使用。然而，为了能够体验到充裕感，首先，我们必须愿意放下，放下已陪伴我们一生的基于匮乏感的训诫与谎言。

艾瑞克·基梅尔撰写的童话故事《赫谢尔与光明节妖怪》中，一群可怕的妖怪打算破坏一个小镇的节日庆典，赫谢尔则运用机智战胜了所有的妖怪。对付一个贪婪的妖怪时，赫谢尔从罐子里拿出一根小腌黄瓜递给他，妖怪冲上前来，将手伸入罐中，抓了满满一把腌黄瓜，却发现他的手被卡在罐子里拿不出来。妖怪勃然大怒，气势汹汹地盯着赫谢尔，赫谢尔对他说："想知道如何解除魔咒吗？"

"快说！"妖怪大喊，"我受不了了！"

"放下腌黄瓜，"赫谢尔回答说，"你的贪婪是囚禁你的唯一魔咒。"

我们并非愚蠢、贪婪的妖怪，然而，对于"匮乏"的恐惧却使得我们大张双臂，尽量将一切所及之物揽为己有，多多益善。只要我们不摆脱这种恐惧，就会一直被其禁锢、主宰，虽然两手满满，却有着一颗恐惧、不满足的心。一旦我们放下这种恐惧，不再不加思考地去追逐更多，就会从中解脱出来，就会停下匆匆的脚步，静

充裕：令人惊讶的真相

下来想一想，该如何运用我们拥有的一切，以及我们对待与运用金钱的方式是否符合灵魂的愿望与使命。

一旦不再努力去获取更多我们并不真正需要的东西，我们就不会在这一没有尽头的追逐中消耗大量的能量，由此，我们能够将这些能量专注于既有的一切，带着感恩之心运用它们以创造不同。这不仅仅是看到我们所拥有的一切，还要运用它们来创造不同。当你能够充分运用自己拥有的一切来创造不同时，你就会拥有更多。

安妮·默洛·林德伯格对于"充裕"之美有着深邃的洞见，她在著作《海之礼》中写道：

> 一个人无法将沙滩上所有美丽的贝壳都珍藏起来。他只能拣选少量的贝壳，数量越少，贝壳越美丽。一只玉螺远比三个更令人印象深刻……久而久之，这只玉螺会成为完美的标本。它并不一定非是稀有的品种，不过它是完美的唯一。它独自俏立，环绕它的只是空间——如小岛一样。它仅以空间为框，空间是美丽借以绽放的园地。只有在空间中，人、事、物才是独一无二且富有意义的，也因此是美丽的。

多年来，我一直与众多募捐工作者一起合作互动，无论他们被我们贴上何种标签：富人、中产阶级或经济状况较差之人，只要他们开始运用自己拥有的资源来创造不同，就会体验到满足与充裕。而当他们利用自己拥有的资源来实现心中最高的理想与承诺，并彰显他们最深的人生价值时，就会更深、更广地体验到自己所拥有的真正财富。

商界的充裕原则

尽管我觉得充裕原则也同样适用于商界，与它在慈善事业、全球社会经济倡议活动或个人转变领域中的价值不分伯仲，但我以前却认为商界对于我以及我的工作而言，是一个遥远的世界。商务世界仿佛总是与我隔着一段距离，而不是"就在眼前"。我所参与的募捐工作中，募捐对象几乎都是单独的个体，我很少与企业资助的基金会打交道。我们所走的路只是没有交汇点而已。

与此同时，我看到，以充裕原则为指导的商业与企业会获得成功与持续性的发展。而那些臭名昭著的倒闭事件，比如安然公司的倒闭，则有力地证明了一个铁的事实：基于巧取强夺之匮乏心态的企业只会创造财务不稳的局面，并最终陷入穷途末路，即使它们能够获取短期的高额利润。

创作这本书的过程中，我意识到，许多鼓励与敦促我撰写这本书的人，都是非常成功的企业家、商界首脑与公司领导人。他们之中有些人是百万富翁或亿万富翁，有些则是因其在商业、经济与财富方面的智慧而备受敬重的人。我与他们之间的互动基本与商业无关，对于社会活动与慈善事业的共同兴趣使我们走到了一起，他们是我在上述领域中的朋友与同事。

多年来，借由间或的咨询与静静的观察，我见证了许多非凡的商业成功。这些成功的企业均以充裕原则为指导，有效且创造性地运用资源，并将社会责任与它们对企业产品及企业质量的承诺有机地结合起来。这些企业来自于日本、英国、瑞典、德国、美国以及其他竞争激烈的国家，它们并没有放弃赚取利润以及扩大市场份额的目标，而是在实现目标的过程中，有意识地将产品开发、制造、定价、劳资双方以及客户体验等因素整合在一起，进行全面的规划。

保罗·多兰是菲泽酒庄的总裁和第四代酿酒人。他热爱这一事业，热爱葡萄园，热爱美食与红酒。他是一位卓越的决策者，是可持续性创业的先锋。与此同时，他也是一位积极活跃的慈善家，是我们保护热带雨林的合作伙伴。

保罗邀请我们这些在帕恰玛玛联盟中与他一起参与保护热带雨林工作的人参观他位于加利福尼亚州霍普兰的菲泽酒庄。他想让我们看一看他的公司正在经历的巨大转变，这一转变也影响且带动了全美的葡萄酒行业。

在与金钱的关系上，保罗与他的同事们立场明确：兼顾社会责任与企业利润。公司的宗旨是：

> 我们带着全然的环境与社会意识种植葡萄，生产并销售高品质、高价值的葡萄酒。
>
> 我们本着和谐共处、尊重人类精神的原则，与大家分享如何带着责任心适度享受美食与红酒的信息。
>
> 我们致力于企业与员工的持续性成长与发展。

这一使命体现在菲泽酒庄所拥有的每一寸土地与每一个员工上。菲泽酒庄对于环境问题从不懈怠，他们种植有机葡萄，并展示给同行们看，杀虫剂、化学药品以及人工改造土壤等方法已经不再是必要之举，甚至都不一定是可行之举。

他们在囊地鼠大量出没的地方请来猫头鹰安家。这些猫头鹰自然而然地限制了囊地鼠的繁育，并以自身的存在使得整个地区变得更加美丽。无论菲泽酒庄受到何种昆虫的侵害，他们都会创造一个诱人的环境，吸引这些昆虫的天敌来安家落户。

菲泽酒庄将他们对环境安全与可持续性的关注渗透到企业经营的所有项目中。从红酒的酿制与储藏到公司大大小小的电动运输车，公司均以环境保护为己任，从不掉以轻心。在酿制、销售葡萄酒的每一个环节上，保罗与他的同事们都采取保护环境、荣耀地球的措施，酿造出更优质、更美味、更出色的葡萄酒。他对土地的热爱、对员工的热爱、对这一行业的热爱，以及他的责任感——对那些喜欢用美酒佐餐的人负起责任——使我们备受启发。他经营企业所秉持的精神闪烁着耀眼的光芒，然而，更耀眼的则是他的奉献精神，为了向世人展示"只要我们以尊重、关爱与理解的态度对待它们，土地、植物、动物、昆虫以及整个自然界都是充裕的"，他不遗余力地奉献着自己的力量。

最后，最令他的酒业同行与竞争者以及整个世界信服的，则是菲泽酒庄商业上的成功。菲泽的酿酒庄园全面实行绿色环保，如仙境一般；他们出产的红酒品质至臻；公司收入每年都会达到甚至超出预期目标。目前，保罗正致力于以菲泽酒庄频频获奖的红酒与盈利不菲的经营模式为榜样，为美国及全世界的酿酒行业带来全新的改变。

在与这位温文尔雅的杰出人士接触的过程中我发现，他发自内心地接纳充裕原则，不仅如此，他也在开创一片空间，以带动整个行业都能像菲泽酒庄一样，将充裕原则与企业利润有机地结合起来，获取可持续性的成功。

目前，具有社会责任感的企业已经越来越多，遍布全世界。它们不断开拓新的疆域，展示"以令人尊敬的方式赚钱，绝不肆无忌惮地耗费世界资源"这一全新的经营方式。奥德瓦拉（Odwalla）果汁、巴塔哥尼亚（Patagonia）户外装备、本杰里（Ben&Jerry）

充裕：令人惊讶的真相

冰激凌、流动资产（Working Assets）电话公司、美体小铺（The Body Shop）、埃斯普利特（Esprit）服装、英特飞（Interface）地毯……上榜的公司越来越多。目前，在美国，各种富于社会责任感的投资是发展速度最快的投资类别。生命为我们提供了各种各样的机遇，以供我们过上以充裕为主旋律的生活，并有意识地选择那些尊重资源、敬重充裕原则的产品与服务。

有没有可能，那令人惊讶且对我们极具启示性的真相就是，我们与金钱的关系其实基于一系列我们从未检视、从未质疑过的假设，这些假设都是迷思与谎言，在它们的影响与驱使下，我们所采取的行事方式使我们永远无法找到自己苦苦追寻的满足感与充实感？有没有可能，如果我们想要逆转一个已经失控且无法持续下去的经济、文化，甚至是文明进化史上的恐怖时期，其关键就是面对并接纳"充裕"这一令人惊讶的真相：我们拥有的已经足够，我们是本自具足的，任何情境都充满了体验"充裕"的机遇？

后续章节中，我们将深入探讨充裕原则以及迈向富足生活的步骤与过程，由此，我们将以崭新的目光看待金钱，将其看作如水一般流动的能量，而不是我们必须积累的一个静态数量。我们将讨论真正增加事物价值——深度、质量与充实感——的力量，也就是感恩的心态与行为。此外，我们还将看一看以合作的方式运用现存资源会带来怎样的繁荣与丰盛。最后，我们会探讨一下充裕原则或者说充裕真相——它与自然法则及人类天性完全一致——为何会成为我们这个时代的主导法则。

匮乏与充裕：寻找兴盛

第三部分

充裕：三个真相

第五章
金钱如流水

金钱是水流，是承载的工具，是我们彰显愿望的渠道。金钱承载着我们灵魂的允诺。

我第一次遇到格特鲁德是在哈勒姆一个教堂的地下室里。大多数人都会认为她是一个穷人，但从她那里，我学到了一些关于金钱的重要知识。从格特鲁德那里我懂得了，金钱如流水。

那是1978年，我刚成为战胜饥饿项目的募捐者不久，几位社区负责人请我在哈勒姆组织一次募捐活动。我不是很肯定在哈勒姆募集资金是否是明智之举（哈勒姆是纽约黑人聚居的一个区。——译者注），不过他们让我去那里募捐，我也就答应周三晚准时到场。可是，我接到一个电话，让我在同一天的清晨去见芝加哥一家很大的食品公司的首席执行官。这家公司可谓家喻户晓，是食品行业的巨头。尽管从芝加哥再飞到纽约日程会很紧，但我还是决定两件事情都不耽误。

在心中做好日程计划后，我转而考虑其他重要的事情。我开始思考如何与这位食品公司的首席执行官会谈，或许他是我接洽过的最重要的潜在捐助者。困扰我的第一个念头就是：我该穿什么？我想要给他留下怎样的印象？我的衣着是否会适得其反，为我此行的任务造成负面影响？那些我平日想都想不到的问题，此刻却在我的脑中徘徊不去。我觉得自己为这次会面做准备的方式很是别扭，也很陌生，而且情况越来越糟。

我依然记得，当我来到芝加哥的一座大楼走入电梯时的感受。这是一座摩天大楼，仅乘坐一部电梯是无法抵达公司办公室的，必须换乘一系列电梯，从一层换到另一层。随着电梯的升高，我越来越紧张，并开始出汗。楼层越高，我觉得自己与这个世界离得越远，甚至空气与声音的质量也在发生变化，形成一种寂静无比、令人肃然起敬的氛围。我感觉自己好像正在上山朝圣，而且刚刚爬上山巅，那里空气稀薄，我有些头晕。

我对这次捐助的详情知之甚少，我仅被告知：这家食品公司最近在公共关系上出现了危机，他们的某些恶劣行径严重损害了公司的公众形象。公司领导认为，如果他们捐款给战胜饥饿项目，让公众看到他们在支持终结世界饥饿的活动，公司的形象或许会得到改善。

我被带入首席执行官的办公室，他坐在办公桌后，我与他面对面坐下。他身后是直通天花板的落地窗，能将整个城市尽收眼底。不过因为逆光，我几乎无法看清他的脸。我只能占用他15分钟的时间，因此，我快速地说明了我们组织的使命与工作，以及终结世界饥饿这一艰巨的挑战。我谈到那些承受饥饿之苦的人的勇气，并说我们大家必须合作，才能助他们一臂之力，使他们能够养活自己与孩子，并营造健康、有作为的人生。我说完并提出自己的请求后，他拉开抽屉，拿出一张事先印好的5万美元的支票，隔着桌子递给我。

很明显，他希望我立刻走掉，越快越好。刚刚那被当作例行公事的"演讲"以及他说话的腔调都告诉我，他对我们的工作没有一丝一毫的兴趣，也无意于与资源匮乏的人建立任何连接，更没有兴趣为终结世界饥饿的工作做出一份贡献。这纯粹是战略之举，他只是想洗掉公司因犯下人尽皆知的错误而造成的愧疚与耻辱，并美化公司的媒体形象。以纯粹的商业用语来形容，这只是一次简单的交易：用付给我的5万美元购买一个挽回声誉的机会。然而，当他把支票推到我面前时，我感到支票载着这家公司的愧疚感从桌面上向我滑来，他不仅仅给了我一笔金钱，同时也把公司的愧疚感丢给了我。

我们的会谈实在是令人尴尬。不过，我是一个募捐者、羽翼未丰的募捐者，而且我急着赶飞机，因此，我将支票放进公文包，向他道了谢，有些精神恍惚地穿过迷宫般的里间与外间，转换了几部电梯，以最快的速度下楼。

随着楼层的降低，我感到胸口不适，我心里明白这与电梯的速度无关。虽然我知道，此时此刻我应该高兴才是，但我却没有一丝一毫的开心。这是我所收到的最大的一笔捐款，我知道，战胜饥饿项目的同事们一定会为此兴奋不已。不过，我也感到，在接过这笔钱的同时，我也接过了这家公司的愧疚与耻辱。我觉得这很肮脏，胃部很不舒服。一走出电梯，我立刻叫了一辆出租车，驶向机场。一路上，我心中很是不安，情绪不稳定，可是又没有什么更好的主意。

我在暴风雨中抵达纽约，一路来到哈勒姆一个老旧的教堂。我拾级而下，来到地下室的一个房间，那里已经有大约75人来参加我们举办的募捐活动。这里和我几个小时前刚刚去过的大厦简直是天壤之别。大雨瓢泼，我们聚会的房间四处漏雨。人们将水桶沿着外墙排开，接住滴入的雨水。室外的雨声以及雨水漏入墙壁与天花板的滴答声成了我们的背景音。我心中充满矛盾，既放松又有些难为情，不过远比在公司套房的时候自在得多。然而，我也意识到我是房间中唯一的白人，而且我为了给那位首席执行官留下深刻印象而穿上的丝裙，此时则显得过于正式且不伦不类。我环顾四周，意识到在座的人们不会有太多的钱来捐助。我为他们讲述了战胜饥饿项目在非洲的各种活动，因为我觉得这更加接近他们的生活与文化传承。该请他们捐款了，我的手心出汗，开始怀疑自己是否真该这样做。尽管如此，我还是提出了捐款的请求，房间里一片死寂。

仿佛过了整整一个世纪，一位女性站起身来。她坐在后排靠过道的位子上，70岁左右的样子，花白的头发，中分，整齐地梳在脑后，挽成一个圆圆的发髻。她站起来时，我发现她有着高挑、挺拔的身材，一身傲气。

"孩子，"她说，"我叫格特鲁德，我喜欢你所说的一席话，我也喜欢你。"她继续说，"现在我没带支票本，也没带信用卡。我觉得金钱很像流水，对于某些人而言，它像汹涌的大河一样从他们的生活中奔腾而过。对我而言，则像细流。不过，我希望能够以为众人谋福的方式让它从我的生命中流过。我将这看作自己的权利与责任，也是喜悦。我钱包里有50美元，是为一位白人妇女洗衣服挣来的钱，我想把这些钱捐给你。"

她沿着过道走上前来，将50美元递给我，这50美元都是10美元、5美元以及1美元的纸币。然后，她给了我一个大大的拥抱。她走回座位时，其他的人也陆陆续续地走上来捐款，1美元、5美元、10美元还有20美元的钞票。我感动得热泪盈眶。我拿不了这么多钞票，于是，我打开公文包，将它放在桌上，当盛钱的篮子用。这一时刻，人们鱼贯向前，将钱放入公文包，整个场面就仿佛一个庆典仪式。房间中洋溢着真诚以及心灵的震颤。我们收到的捐款——估计最多500美元——比我以前见过的任何捐款都更加珍贵。我意识到同一个公文包里，就在这些钞票之下，正是那张5万美元的支票。我知道，格特鲁德的50美元与金额是它1000倍的支票相比，更有价值，能为终结饥饿做出更大的贡献。

我从格特鲁德手中接过的金钱承载了她希望创造不同的能量——她灵魂的印记。接受她捐助的那一刻，我感到备受激励，并因她表达真诚与使命感的方式而充满了更多的力量。我感觉战胜饥饿项目的原则与项目得到了首肯，这不仅仅是因为她的50美元，还有她精神上的奉献。

格特鲁德的金钱来自于她的灵魂深处，而不是来自于某一银行账户，为了抹掉愧疚感或赢得赞赏。那天晚上，她为在座的每个人做出了典范，我觉得他们捐赠的钱是"福佑之钱"。与这笔金钱的力量相比，其额度以及用这笔钱能够买到多少东西都是次要的，因为这笔钱在这一捐款过程中，自始至终都承载着目标、意愿与灵魂能量的流动。格特鲁德教会我，金钱的力量来自于我们捐款的目的，以及我们使其流入世界时心中的真诚态度。格特鲁德赋予了我一份珍贵的礼物，她明确的态度使我走出之前有些不稳的心境而重获明亮。

第二天，我将这5万美元的支票寄回给那家食品公司的首席执行官，我感到自己也随之将愧疚与耻辱寄还给了他，心中一片轻松。我仿佛卸下了一副重担。我也同时写了一封信给他，建议他选一家自己真正感兴趣的组织，并对他曾经将我们的组织纳入考虑范围而表示感谢。当时，我未得到他的任何回音，不过若干年后，他再次联系我，这次他的态度与方式截然不同，使我们那第一次尴尬的交易转变成了一个令人惊喜的美丽结局。我将于本章的后面讲述这次合作。

匮乏与充裕：如何体验金钱之流?

格特鲁德教会我金钱如流水。金钱流入我们每个人的生活，有时像奔腾的大河，有时则像潺潺的小溪。流动使其纯化、净化、创造并滋育。不过，如果它的流动受到阻碍，或者被禁锢的时间过久，对于那些死守或囤积财富的人，金钱就会变成一团凝滞的能量，并可能逐渐发展出毒性。

正如流水，金钱也是承载的工具。它能够承载福佑的能量、机遇与意愿，也可以承载掌控、支配与愧疚的能量。它可以是爱之流——实现承诺的渠道，也可以是伤害的工具。我们有可能陷入金钱的洪流，并淹没于其中。如果我们高筑堤坝拦住金钱之流的话，就会使其无法正常流通，并因此损害他人的利益。

在匮乏的境况下，金钱不再是动态的流动，而是一个静态的数量，是我们收集、持守与存蓄的数量。我们用自己的资本净值来评定自我价值，只有越多才越好，而且永远是"多多益善"。账面上任何一个下跌都被看作失败，使我们变得渺小的失败。

在充裕的境况中，金钱流进流出我们的生活是再正常不过的事。我们将金钱的流动看作健康与真实的现象，并且完全允许它流动，而不是焦虑地看着它流过，或者守财奴般死守着它不放。在充裕感的主导下，我们创造与庆贺金钱的正向力量——供我们行善的力量。借由将金钱运用于实现自己最高的理想与承诺，我们能够体验到充实感与满足感。如果我们将这个世界看作资源充裕的世界，无人被排除在外，我们的金钱就会承载正向的能量，创造出全新的人际与合作关系。在这种关系中，无论一个人的经济状况如何，他/

她都会感到自己是一个有能力、有价值的人。

特蕾莎修女从不储备现金。我去印度的孤儿院拜访她时，曾经问她就筹集资金之事是否有什么建议。她回答说，她筹集资金的方式是祈祷，上帝总能为她提供她所需要的一切，不多也不少。她在运作过程中，从不进行现金储备，而是信任上帝总会带来她所需要的一切。从她的经历来看，也确实如此。她在102个国家经营着400多家孤儿院，它们看起来总是恰好拥有所需要的一切。不存在任何过剩，一点也不多，当然也不少。

我们中的大多数人都无法想象自己会以这样的方式生活，我也不是建议你去这样做。然而，特蕾莎修女以这种方式成功地经营了一个几百万美元的机构，这一事实确实促使我们重新思考金钱与流动的问题。

分配与积累

多年前，我的同事与指导者、战胜饥饿项目总裁琼·霍姆斯曾要求捐助者们"因分配而出名，而不是因积累而出名"。我至今也未曾忘记这句话，并逐渐认知人们在这一方面所遵从的模式与习惯，以及这样做对他们的人生所带来的影响，其中也包括我自己的人生。

就小型多元化的本土经济体系而言，核心原则是持续性与充裕性。借由分享、传送与分配——而不是积累——来创造价值是生活的基本方式。"公共财产"这一概念以及对其公共性的保障占据首要地位，而不是个人所有权与私人股份。在这样的文化中，任何事物都处于流动与共享中，从一个人传到另一个人手中，重新给予，重新接受并继续传递下去，价值也由此不断地增加。

然而，驱动当前主流文化与思想的匮乏迷思则鼓励人们去拥有、持守、收集与积累。从充裕原则的角度看，远超过"充裕点"的积累会阻碍资源之流，使其无法发挥最大的价值。颇具讽刺意味的是，人们在匮乏观念的驱使下去积累，直至积累过剩，而积累过剩反而造成了贬值。过剩的资产开始成为我们的负担，为我们的思维与生活带来混乱。我们越来越执着于自己的财产，而且开始认同自己所拥有的财产，越来越难于与他人分享任何东西。这是因为一旦我们拥有的过剩资产出现任何贬值，我们觉得自己的价值也随之降低，必须再去获取更多。

我们根本无法在一张静态的收支平衡表上找到真正的富有或者说康乐，无论我们积累了多少财产亦如此。借由分享与给予、分配与传送，用流入与流经我们的资源来为我们信任与关心的项目、人以及目标助上一臂之力，"富有"自然会悄然浮现。适度地积累，也就是攒钱，是管理个人财务的一种负责任的方式，然而，如果只是一味地积累，而不以有意义、肯定人生的方式去运用金钱的话，我们就是为积累而积累，金钱也由此成为通往康乐的障碍。

正如血液必须流经身体的每个部位才能维持健康，金钱只有在流动、被捐赠与分享、被分配与运用在肯定生命的事情上时，才有其意与价值。如果血液流动的速度降低，甚至停滞或凝结，身体就会生病。如果水流减缓直至凝滞，也会成为有毒物质。积累与持守大量的金钱对我们的人生具有同样的有毒效应。

正如格特鲁德明确展示给我们看的，金钱流经她的人生，不是以有限的方式，也不是以积累到某一高额度的方式，而是以一种她能够接收金钱并将其运用到与自己的最高承诺及最高价值相符的事情中的方式。如果我们将金钱看作一种流经我们人生、流经这个世

充裕：三个真相

界的事物，我们就会意识到它其实不属于任何人。或者说，它属于我们每一个人，我们的机遇就是允许这一资源像水那样流经整个世界，为大多数人谋福，为我们的最高目标服务。

可以说，一个优秀的募捐者就是神圣金钱能量的经纪人，帮助人们以最有意义的方式运用流经他们人生的金钱，这种方式与他们对人性的向往与希望一致。可以说，最好的理财顾问其实是那些能够启迪顾客采取同样行动的人，也就是投资以创造一个更具意义、更加充实的人生。我们每个人在一生中都有机会驾驭金钱之流，无论它是波涛汹涌的大河，还是潺潺流动的小溪。

海地有句名言："如果你得到一块蛋糕并将它独吞，会感到空虚。如果你得到一块蛋糕并分一半给他人，会感到既充实又满足。"我所认识的最幸福、最喜悦的人就是那些通过将自己的资源——金钱（如果他们拥有金钱的话）——作为通往最高承诺的通道来彰显自己的人。在他们的世界中，对富有的体验在于分享自己之所有，在于给予与分配，在于运用流经他们人生的金钱来真诚地展示自己。

金钱承载着灵魂的能量

正如格特鲁德以一颗自豪之心看待流经她的金钱溪流，并想要使其继续流动下去，从而"为大多数人谋取最大的福利"，对于我们每个人而言，无论金额大小，金钱都是能量与意愿的载体。

我知道一些一贫如洗的人与家庭，还有一些富可敌国的人，他们都将自己的财富之流导向能够使他们心灵歌唱的事业，他们的金钱承载着同样喜悦、同样肯定人生的能量，以为这个世界创造不同。这些人没有失去财产的恐惧，也不害怕资源匮乏或永远不够使用。他们享受资源带给自己的福佑，知道自己拥有所需要的东西，多于所需，并对此心存感恩。他们将金钱作为一种渠道，或者表达感激、实现目标的工具。世界上一些重要的社会机构以及变革性的转变就是由这些人资助的，他们中的许多人生活并不宽裕。

我也曾经与富垆陶白的家庭和个人一起工作过，他们中的一些人深受其财富之害。与我们想象的恰恰相反，他们的生活就像是一场交织着过剩与空虚的演练。当财富与特权成为生活的主导条件，金钱则被用以定义人生与品质之时，失去金钱的恐惧便会严重地影响人们的行为。人们防御性地、甚至不顾一切地死守金钱，不断地获取更多的金钱，并将他们拥有的金钱作为工具，为了私利，去控制他人。人生成了一场他们必须要赢的竞赛，为了赢得胜利甚至不惜一切代价。他们拥有的金钱增加了他们征服、贬低、轻视他人的能力，从而保持佼佼者的地位。钩心斗角、尔虞我诈、撕心裂肺的内讧以及冷酷无情的权力斗争等使得他们与他人之间的关系越来越恶化。酗酒与吸毒等问题在一些所谓的上流社会家庭中更是屡见不鲜。对于个人信任与亲密关系的亵渎则表现在性侵犯与性暴力上。对于这些巨富家庭而言，金钱文化所培育出来的那些最阴暗的恶习都不是什么陌生的事情。

疗愈整个家族：芭芭拉的勇敢抉择

我常常看到，人们给出金钱，将自己从"积累"与"获取"的囚牢中解放出来，感受到"贡献"这一全新的人生体验。年近70的芭芭拉，是某个新英格兰家族历经五代人留下来的巨额财产的继

充裕：三个真相

承者。这笔遗产对她的家族产生了深重的影响，家族内外的人除了钱，对这个家族没有其他任何概念。从人们能够忆起的时代起，他们就承蒙祖荫，用祖辈留下的财产过着低调的雅致生活，按照当时的富裕标准，他们的生活并不奢华。家族成员的存在就是为了服务家族财产，他们保护、代表着这些财产，运用这些财产来进一步提高他们在公众眼中的地位与形象。即使在衣着、学校、朋友甚至是婚姻的选择上，他们都得以家族财产为重，并遵从掌控财产的家族成员的意见。家族中一个成员的价值取决于她或他在家中的权力、声望以及对家族财产的使用权。

对于芭芭拉和她的两个姐妹而言，这笔遗产可以说是不折不扣的祸根。严重的酗酒使得一代人无法担负起教育后代的责任，从而造就了另一代纨绔子弟。

我于20世纪90年代初遇到芭芭拉。那时她正在戒酒，并同时帮助她的三个已成年的子女面对自己的上瘾症以及其他问题。因为"必须要守护好财产"的家族压力与对于浪费财产的恐惧，芭芭拉和她的亲戚们几乎从未捐赠过一分钱。这些钱则被用来应付金玉外表掩藏下的种种危机。对于她的许多亲戚以及她的成年子女来说，个人生活以及财务方面的灾难简直是家常便饭。她看着家族财产就这样不断地被花掉，心中异常痛苦，这不仅耗竭了她的财产，更耗竭了她的精神。

芭芭拉有兴趣成为战胜饥饿项目的捐助者，我们的首次会谈就以此为开端。这次会谈中，她告诉我，她希望使自己的生命更有意义，也希望她的财产能够在这个世界上更有存在的价值。她以匿名方式捐助了第一笔资金，因为她知道家人如果得知此事一定会气愤不已，他们认为这些钱迟早都是"他们的"。然而，随着使命感与慷慨程度的增强，她迈出了勇敢的一步：告诉家人自己的捐助行为。果然不出她所料，家人最初非常生气。接着，她积极地带动他们亲自参加募捐工作，邀请他们与那些在困苦环境中挣扎着自给自足的人——其实这些人与他们并没有什么太大的不同——建立合作关系。

渐渐地，她的子女与亲戚们一个个走出以前那种以自我为中心的生活，走进一个体验更加丰富的世界，感受这种真诚的合作关系，并对自己也有了不同的认识。他们无私地与他人合作，并作为一个个有用、有效力、有能力的合作者为这个世界创造不同。芭芭拉的家人无论在个人层面上，还是在家族层面上，都发生了翻天覆地的转变。芭芭拉成功地改变了家族财富的能量与流动。她带着疗愈与创造强大家庭的愿望投入资金，这些金钱承载着她意愿的能量，承载着全面的疗愈能量。

了解金钱之流：指明金钱流向的真理

你了解自己生活中的金钱之流吗？你是否知道它是如何流向你的？你是否在有意识地分配自己的金钱？看清金钱流经你生活的方式，能够助你了解自己与金钱的关系，以及你希望运用金钱的地方。

如果你希望对自己的生活重心有　个清晰的了解，比如你是谁，都关心些什么，看看你的支票本、信用卡账单还有银行结账单就是了。从这些地方，你能够清楚地看到自己金钱的流向。也许你的钱都花在了汽车和衣服上，或者教育与旅行上。

金钱流向你或者通过你流向其他目标的方式与你的人生并非毫无关系。你的金钱是如何流入人生的呢？通过承载着使命感与价值感等具有滋育性能量的工作、关系或既有财富？还是通过那些剥削并损耗你、他人或者自然环境的工作与关系？获取金钱的方式如果不健康，你的生命便会受到严重的压抑。挣钱与花钱的方式都是有后果的，这并非微不足道的小事，它确实会导致不同的后果。将这一意识觉知带到自己与金钱的关系上，调整金钱的流向，是一项勇敢、令人充满力量而且至关重要的练习。

了解金钱之流是不带评判地检视。我们可以觉察金钱如何流向我们，我们如何花钱、攒钱、投资或给予他人，并在调查个人财务的过程中将金钱之流看作我们自身价值的一个代表。在这个过程中，有时你对自己的认知完全如自己所料，有时却又出乎你的意料。当实际情况与你的想象并不相符时，这就为你提供了一个机会，供你重新检视流经自己的金钱之流，看一看你是如何调节与引导它的。当你不带任何善与恶的评判去了解这一金钱之流时，它就会赋予你必要的"自我觉知"以做出有意识的选择，从而使你运用金钱的方式与你"对自己的愿景"以及你的最高承诺协调起来。

引导金钱之流：我们作为消费者的力量

在使命感与正直感的指引下，我们无须花费整个家族的财产将金钱引入这个世界。与芭芭拉以及其他上千位捐助者合作的这些年来，我不断地见证着金钱所拥有的转化力量，无论它的额度是大还是小。我们中的每一个人，作为一个单独的个体，只要带着良好的意愿做出选择，就会赋予金钱这种再生的力量，即使是再例行公事的选择亦如此。我们可以有意识地将金钱投入到自己所信任与尊重的项目、公司与经营者那里，甚至也可以通过纳税来表达我们作为公民负起责任、进行投资的意愿。

我们远比自己所想象的有力量，有力量将自己所拥有的金融资源用来支持、加强或彰显我们所信任的一切。引导金钱之流需要勇气，然而，借由每一个选择，我们都在为自己心中的理想世界投资。例如，我们能够有意识地去选择是将金钱花费在那些充满暴力色彩、伤害儿童心智的产品与娱乐项目上，还是将钱花在那些能够丰富我们的人生经验、加深我们对人生的感激态度的活动中。我们能够选择是花钱去塑造一个成功或时尚的表象，还是将金钱用于提高内在生活的品质。我们能够运用这宏大的金钱资源来支持那些生产有益于儿童与民众的产品的公司，或者运用金钱去获取更多——只是因为我们能够这样做，然后发现我们正在不断地积累一些最终只会因过剩而成为负担的东西。它们塞满了我们的房子，使房子凌乱不堪，并最终沦为垃圾。我对此了如指掌，因为我自己曾经就是这样的！

为艾亚买东西：顿然醒悟

我的第一个孙女艾亚于1999年出生。她的到来真让我欣喜若狂，我迫不及待地想为她买东西。每一家婴儿商店、每则广告都让我浮想联翩，将我带入一个充斥着美丽粉色宝物的女孩世界。她二个月大的时候，我的儿媳哈丽玛和我决定一起去买婴儿服装。艾亚出生时别人送的婴儿衣服都变得太小了，我们得去给她买些新衣服。因为大家工作日都很忙，所以我们决定找一个周末出去，这样可以逛一整天。我们约在马林县一个很大的购物中心，那里距我家大概有半个小时的路程。哈丽玛带着孩子从奥克兰过来，我们的女儿夏玫从索萨利托过来。三个女人和一个婴儿,这将是一次超级购物之旅!

我刚要出发,电话铃响了,是我的儿子扎克瑞,艾亚的父亲。从他的语气我能听出来,他有重要的事情对我讲。"妈,"他说,"我知道你今天要和哈丽玛一起去购物,我想对你说,为我们女儿购买的东西必须是以让我们心安的方式制造的,这一点对我们来说很重要。"

然后,他列出了一系列商店的名字,他不希望我们去那里买东西。一家很时尚的全国连锁店雇佣印度尼西亚的童工,另一家颇受欢迎的商场没有制定任何抵制有毒染料的政策,扎克瑞和哈丽玛不想用自己的金钱支持此类商家。

扎克瑞友好但坚定地要求我不要给艾亚买太多的东西,不能超出她的需要,因为他们不想使自己陷入"过剩"的模式。然后他请我只从那些代表自然、具有可持续性、能够公平对待劳动力的商店与品牌买东西。他说,他和哈丽玛希望他们所购买的东西以及我为他们的女儿所购买的东西能够与他们的价值观相一致。然后他告诉我几家商店的名字,说在那里最有可能买到他们喜欢的品牌。

我还记得,这次对话使我震惊不已。他的话与我脑中的狂热购物计划格格不入,我从未想过要以这种方式为我刚刚出生的孙女买衣服。我所受过的教育与培训,我看待与陪伴这个婴儿的方式都深受我的文化与家族历史的影响,我并没有觉察到自己早已深陷其中。我完全被那些专门针对祖母们的商业广告所迷惑,它们一箭中的,让我完全陷了进去。你看我,一位社会活动家,致力于阻止发展中国家剥削童工的行为,也关注环境保护的问题,却完全没有看到自己正准备为心爱的孙女购买一切让我心动的东西,根本不顾及它们来自何处、是如何制造的、制造者是谁,以及会产生何种后果。

我也看到自己完全有可能为她购买远超出她需要的东西。一件件粉色的裙子、一双双靴子和一顶顶帽子列成一队从我脑中闪过，没有尽头的队列。不过，儿子的一番话使我改变了想法。我知道他是对的，以前哈丽玛也与我提到过类似的标准。然而，我轻易地就陷入了购物冲动的漩涡，把自己平日的消费意识远远地抛在了脑后。我在这一领域所受过的所有培训，我在亚洲看到的恶劣的工作条件与血汗工厂，以及我所有的承诺都被为孙女购物的快乐冲得烟消云散。是儿子的电话将我唤醒，使我认识到，自己并没有学以致用，将学到的那些知识真正运用到生活中来。至少没有运用到我自己的生活中来，至少刚才没有。

我红着脸，带着感激向他保证我会听从他的建议。我与女儿和儿媳在购物中心碰面，然后一起逛商店，带着我从未有过的意识觉知购物。我们仔细看标签，还提出各种问题，了解衣料的组成成分以及原材料的来源。我们选择对产品制造者有所了解的商店，而且所购买的衣物正好够小艾亚未来几个月穿用。

购物完毕，我不再觉得自己的购物热忱受到了限制，反而很兴奋！将金钱用在那些编织毛衫、缝制毯子的公司与工人身上，这使我感到满足，这种满足感更加强了我为孙女购买可爱物品的喜悦，我开心地付钱给那些服务细致周到的店员。我们带着一种满足感与充实感结束了这次购物之旅，我们并未购买一大堆超过艾亚需要的东西，而是正好满足她未来几个月需要的衣服与用品。根据我自己的价值观来运用、引导金钱之流，使其流向带给我美好感受的人与地方，这使我感到很满足。

募捐：通往金钱之流与灵魂的一扇窗

我热爱募捐工作。募集资金对我来说是一种召唤，而不是像人们有时想象的那样，是可怕、繁重的任务。募集资金是一项艰难的工作，不过我认为它也是神圣的工作。它为我们提供一种特殊的机会，使我们能够与他人进行贴心的交流，讨论他们的最高承诺与最高价值的本质。这些谈话使他们能够以某些方式运用流经自己人生的金钱，为自己的最高承诺服务。募集资金与金钱的流动息息相关：释放它，邀请它，引导它，并帮助人们体验金钱之流的滋育能量，无论他们身处金钱之流的何处——上游、中游或下游。

通过在全世界募集资金，我发现，任何地方的任何人都希望能够贡献自己的金钱以在这个世界上创造不同，无论他们手中仅仅有几个印度卢比或赞比亚克瓦查，还是数百万日元或几千美元，最终他们都想要使自己的金钱进入流动。任何程度的慈善行为都会使人与金钱重新建立这种关系。在慈善互动中，我们能够回归金钱的灵魂：金钱是我们愿望的承载工具，是能量，是爱、承诺与服务的媒介，是我们支持自己最关心的事物的机遇。

一旦进入灵魂的领域，我们便能够为流经我们人生的金钱灌注灵魂的能量。与灵魂的连接能够创造一种特殊的金钱之流，我称其为"福佑的金钱"，这种金钱具有不可思议的能量。尽管我很少向企业与基金会募集资金，但我知道，在那些组织中，最终做出决定的也是人，而且，如果一个人全心全意并真诚实在地投入，那么他们在金钱方面做出的承诺与贡献便能够而且也确实会滋育这个世界。

除了有幸以一个募捐者的身份与他人进行亲密、充满启迪的互动，我还有机会见证人们步入真正的富足世界。我的意思是，第一次深刻地感受与体验到什么才是真正的富足。他们中有些人异常贫穷，无论我们以哪个国家的贫困线为标准，他们都挣扎在贫困线以下。还有一些人则是亿万富翁。对于"真正的富足"的体验在于与大家分享，向大家展示你之所有、你之充裕。印度诗人拉宾德拉纳特·泰戈尔以优美的文笔描述了他对"充裕"的体验：

> 我住在路的阴暗面
>
> 看着对面邻居家的花园
>
> 沐浴在阳光中
>
> 我感觉自己很穷
>
> 带着饥饿
>
> 走过一扇又一扇门
>
> 他们从无心的丰裕中
>
> 给我的越多
>
> 手中的乞食钵越沉重
>
> 直到有一天清晨
>
> 我从睡梦中惊醒
>
> 你敲开我的门
>
> 请求施舍
>
> 绝望中
>
> 我打开箱盖
>
> 才惊讶地发现
>
> 自己是如此富足

募集资金的工作为我提供了一个机遇，使我能够伫立于金钱之流——滔滔大河与潺潺小溪——中，帮助人们将金钱导向世界上最需要它们的地方：终结饥饿，改善健康与教育问题，关爱儿童，照顾病人及垂危之人，保护地球及自然资源，创造一个健康、丰盛的生活环境以支持、肯定生命。

许多人像我一样，将募捐作为终生的工作，为那些给金钱之流与承诺之流提供平台的组织工作。然而，每个人，你、我、你的朋友与邻居、杂货店里排在你前面的那个男人，还有你车子后面那辆车里的女人，我们所有人都身处金钱之流中，都有引导其流向的机会。我们每个人都能在金钱之流中找到自己的充裕，找到自己的兴盛，找到"足矣"的感觉，找到自己的富足。

一位首席执行官未竟的事务

我从未忘记格特鲁德。自从1978年那晚她在哈勒姆的教堂与我分享了她的洞见后，每次举行募捐活动，我都会想到她。她给我上的那一课以我无法想象的方式一直伴随着我。无论募捐结果如何，那一天对我的影响都是终身的，都会改变我的人生。然而，几年后，那一天发生的另一件事竟然也出现了令人惊讶的结果。

战胜饥饿项目组织渐渐成长为一个更大、更引人注目的组织。日复一日，年复一年，我们的募捐成绩越来越稳定。自从与芝加哥那家大型食品公司的首席执行官尴尬会面，在哈勒姆获得新的洞见，并将支票退还给他之后，已经有五六年过去了，我忽然收到他寄来的一封信。他已经退休，作为公司的首席执行官，他获得了一笔相当丰厚的退休金。他在信中对我说，他所拥有的资金已经远远超出了他之所需。他还说，如果不是我写给他的信，以及我退回支票这件事，他肯定早就把我们几年前的互动抛在了脑后。退休后，他回顾自己那漫长且硕果累累的职业生涯，其中有一件事显得格外耀眼，那就是我们的会面，我退回那五万美元的支票，以及我在信中所说的我们所寻找的是有责任心与使命感的合作者。这件事对他影响深重，因为一个不属于他的世界的人打破了所有他了如指掌的美国商业法则——为了获取利润不惜一切。

　　退休后回顾那些有意义的片刻，他意识到，其实他于内心深处是想终结饥饿、创造不同的。他确实想运用自己掌握的金钱来创造不同，而且现在他也能够捐助自己的金钱以为终结饥饿做贡献。因此，为了实现自己的使命，他自掏腰包，多次对战胜饥饿项目进行个人捐助，总额已超过我当初退还他的五万美元。他说，这是他来自灵魂的愿望，这样做是为了他自己，为了弥补他未曾完成的事。这是他了结这件未竟事务的方式。

　　对我来说，打开他寄来的信，看到里面的支票，又一次见证金钱承载着目标、正直以及灵魂愿望时所呈现出的力量，这是我永生难忘的一刻。这是一次辉煌的胜利！是格特鲁德的胜利，是募捐活动的胜利，是这位男人的胜利。他以如此慷慨的方式描述了一次使他升华的互动。

　　无论有多么多或多么少的金钱流经你的人生，只要你遵从灵魂的愿望引导这一金钱之流，便会感受到自己的富足。当你以能够展现自己真实本质的方式运用金钱，不仅仅是对市场经济做出被动的反应，你会感到自己浑身充满了活力与力量。如果你使金钱流向自己关心的事情，你的生命也会因此而熠熠发光，这，才是金钱的真正用途。

第六章
欣赏创造价值

在充裕的状态下，欣赏是一个强而有力的工具，能够帮助我们借由对既有之物的关注来创造新的价值。

欣赏创造价值。就我们的金钱文化而言，这确实如此。一座位于理想地段的理想房屋，其价值每年都会增长。在我们的私人关系中亦如此，我们对某个人特殊品质的欣赏也会使其瞬间绽放。这一点在商场上也不例外，公司对职员的欣赏也会促使他们在工作上更加优秀，更加自豪。不仅如此，我们称为"欣赏"的这一简单却有力的行为会扩展自由、创造力，并最终使我们体验到更多的成功，尤其是在与金钱的关系上。欣赏是"充裕"的动力源头。

在充裕的状态下，欣赏成为一个有力、有意的行为，借由对既有价值的关注，创造出新的价值。我们的关注扩大并增强我们的既有经验，无论何种经验都是如此。

在与金钱的关系中，我们也拥有引导自己关注力的机会，这样做能够使我们更加充满力量。而且，我们的关注彰显了我们的真实本性与目标。如果我们允许嫉妒、羡慕、愤恨甚至报复成为关注与意愿的焦点，我们就会成为满心嫉妒、羡慕与愤恨，并且复仇心重的人。而如果我们将自己的注意力放在创造性、勇气与正直之上，无论我们与金钱进行何种互动，都会展现出这些品质。

如果你将注意力放在自己缺少与匮乏的事物上，无论它们来自于生活中、工作上、家庭中还是所住的城镇里，匮乏感就会占据你，成为你的人生之歌，成为你为自己创造的愿景。于是，你流连于匮乏、欲望以及自己什么都缺少的境地中，并将他人也拖入同样的泥潭。如果你整日关注金钱方面的问题与不如意，或者关注诸如"资源紧缺"、"多多益善"，"事情本就如此"等匮乏信念，它们便会体现在你的意识层面上，各种想法与恐惧因你的关注而滋生，并最终主导你的人生。无论你拥有多少金钱都不会感到满足。无论多么巨额的金钱也不会为你买到内心真正的安宁。你增强了匮乏感的存在与力量，并任其牢牢地禁锢着你的世界。

如果你关注自己维持自身生计与养家糊口的能力，关注自己以有意义的方式为他人谋取福利的能力，那么你的既有经验就会得到滋育，获得成长。即使在逆境中，你也可以欣赏自己面对困境并借此学习与成长的能力，如此这般，你就会创造出他人意想不到的价值。在欣赏之光的照耀下，你对丰盛的体验也会更加丰富。

我们能够借由欣赏——有意识的关注与意愿——来发展自己在金钱方面的驾驭能力，并将我们与金钱的关系转化为一个开放的空间，一个供我们成长的自由空间。这是一个不折不扣的真理，我最先从我们称之为"穷人"的人那里学到这一真理，从几乎没有水也没有食物，几乎无法生存的地方学到了这一真理。

充裕：三个真相

神奇七杰

孟加拉是一个亚洲国家，人口约1.3亿，面积和爱荷华州相当。那里曾经有着丰饶的热带雨林，林林总总的动植物种类，还有丰富的自然资源。20世纪初，这个国家的森林不断遭到外来者的砍伐，消失不见。这个国家的土地也因战争的破坏以及不当的土地保护政策而日渐贫瘠，直至荒芜。因为缺少茂盛的树木与植被，季节性洪水对孟加拉的土地与人民造成了更大的伤害。20世纪70年代末期，在联合国关于各国贫困程度的列表上，孟加拉国位居第二，从而成为另一种洪流的接受者——援助的洪流，在短短的时间内，孟加拉就变成一个几乎完全依靠外援才能生存的国家。渐渐地，孟加拉开始因其贫困与无助而闻名世界，整个国家高举着一个巨型"乞讨钵"。孟加拉人民也开始认同这种状况，他们渐渐相信自己就是绝望无助之人，哪怕是最低限度的生存也只能依赖外援才能维持。

孟加拉国内，人心涣散，村庄与社区日渐瓦解。锡尔赫特附近的村庄亦如此，人们准备放弃自己的家园，离开这一地区，去其他地方寻求生计，或者将男人派到较大的乡镇或城市，在那里寻找工作，然后寄钱给留守的家人。

锡尔赫特地处孟加拉国北部的丘陵地带，丘陵不高，但刚刚能够逃过每年都会淹没低洼地区的洪水。干燥的丘陵上很早以前就长满了荆棘灌木丛，结出的唯一的果实就是有毒的浆果。这种植物一丛丛一簇簇地聚在一起，仿佛为丘陵贴上了一个个"荆棘补丁"，危险、厚实且难以接近。这些荆棘丛生的地段归政府所有，政府禁止当地农民进行开发。然而，有毒的荆棘却不断地向外扩张，侵入村民们可以进行耕作的小片土地，取代庄稼，毒化土地。

一代又一代村民们在政府分给他们的少得可怜的土地上辛勤耕作，勉强维持生活。然而，现在连这样的生活也都无法再继续下去。年轻人开始沿街乞讨或偷窃，犯罪率空前地高。村民们放弃了自己贫瘠、难以耕种的土地，取而代之的是各种极端的应对措施。许多人已经准备好背井离乡，带着家人去其他地方居住；或者放弃完整的家庭，由男人外出打工。村民之间的对话既紧迫又实际：迁居何处才能耕作并收获足以养活全家的粮食？男人们该去何处打工才能够负担全家的生活？他们也谈到申请美国的经济援助以购买食品与物品，这样自己就可以不用再做任何工作。他们放弃了，筋疲力尽，束手认命。他们觉得问题的答案一定在其他的地方，在其他人身上，仅仅靠自己是无法解决问题的。

大约这一时期，战胜饥饿项目刚刚开始活跃于孟加拉国。那时，已经有许多独立的救援机构在那里进行英勇、激励人心的工作。然而，那些有可能真正长久改善人们生活的措施则来自于孟加拉人民自己。举例而言，现在著名的格莱珉银行——创始人为穆罕默德·尤努斯博士——启动了一个小额贷款项目，为勤劳却缺乏资金的妇女提供经济资助。还有孟加拉领导人费萨尔·阿拜德创立的一个村庄发展机构在外来者因不熟悉当地民情而屡遭失败的地方获得了令人瞩目的成功。

这些成功事例以及我们在其他地区的经验更加增强了我们的信念：孟加拉人民是他们自身发展的关键，外来援助只是在将他们一步步地从心理上变成乞丐，而不是自己未来的创造者。

作为创建有效合作关系的第一步，我们一起深入学习与研究孟加拉文化，孟加拉人民关于自己的态度与信念，以及他们的听天由命和绝望。我们清楚地看到，孟加拉人民长期接受外来援助，他们已经遗忘了自己所拥有的能力，忘却了他们的国家也同样有能力获得成功。后来，在双方的会谈中，孟加拉国的几位领导人也认为，他们所失去的东西正是人们对自身力量与能力的认知，重获这份信念将有助于孟加拉人民成为自力更生、自给自足的人。作为合作伙伴，战胜饥饿项目做出了承诺，要为孟加拉人民开展一个项目，帮他们重建对自己、对国家的愿景，协助他们制定策略以运用既有资源将自己的想法与主意变成现实。"愿景、承诺与行动工作坊"由此诞生，从我们的承诺与合作关系中诞生，它组织各种小组讨论以及观想练习，帮助参与者想象一个自力更生、自给自足的孟加拉国——若干年前他们曾为其健康、繁荣与独立而奋斗的那个国家。

孟加拉国人口众多，因此，无论组织何种形式的聚会，都会有成百甚至上千人参加。人们经常聚在村里的公园或广场上。首都达卡有一个公园，那里可以轻易地容纳下一千人，甚至更多，我们最初几期"愿景、承诺与行动工作坊"都是在那里举办的。我们为工作坊做了宣传。到了指定时间，公园里挤满了人。如果你愿意想象一下的话，这并不是什么宁静的静心场所，这是一个几乎寸草不生的公园，地上挤坐着成百上千个瘦小、棕色皮肤、美丽的孟加拉人，其中还有许多幼童与婴儿。各种年龄段的人神情专注地坐在那里，他们带着试试看的心态，准备听听我们都打算讲些什么，看看其中是否会有一些对他们有用的信息。

音乐拉开了工作坊的序幕，然后是几个简单的介绍，还有社区领导激励人心的讲话，接下来则是几个互动练习，帮助大家专注于当前这一时刻。然后，我们进入了正题。我们先请大家闭上双眼，观想一个自力更生、自给自足的孟加拉国：

出口本国优质产品的孟加拉是什么样子？因其美术、音乐与诗歌而闻名世界的孟加拉是什么样子？如果孟加拉在世界大家庭中是

欣赏创造价值

资助其他国家的成员，而不是接受资助、手捧巨大"乞讨钵"的国家，它是什么样子？如果孟加拉领导者，无论男女老幼，都为社会做出自己的一份贡献，孟加拉又是什么样子？

最初，人们只是静静地坐在那里。他们闭着双眼，面部没有任何表情，肩并肩坐在公园中。人群中一片肃静，由一张张面孔组成的海洋继续保持沉寂。人们闭着眼，陷入一片沉思之中。几分钟后，我注意到，一个男人脸上留下了几行清泪，然后，人们一个接一个地开始流泪。他们依然闭着眼坐在那里，但是却在默默地哭泣。流泪的人越来越多，绝不止3个、4个或10个、20个人。上千人中，流泪的有好几百人。好像他们从未想过自己也能够自力更生、自给自足或者能够援助他人。孟加拉国也能够帮助其他国家创造不同，能够出类拔萃，能够拥有令人仰慕的品质，能够在全球社会中扮演独特的角色，这一切对他们来说简直是匪夷所思。这实在是大胆、勇敢的新想法。

观想结束后，人们互相分享了他们所看到的关于自己的村庄、家庭、学校、商业、孩子等画面，这些愿景既丰富又真实，既明晰又令人欢欣鼓舞。一个新的未来诞生了。

接下来，我们邀请参与者下定实现自己愿景的决心。我们对他们说，不要仅仅停留在设想上，还要做出将梦想变成现实的承诺。可以看到，人们渐渐地放下自己的焦虑与恐惧，放下对于"匮乏与不足"的感受，勇敢地走向自己创造的愿景，并做出使其成为现实的承诺。练习过程中，我们可以清楚地看到人们的坐姿与面部表情都在不断地变化，他们看上去明显比之前更加坚强。"解决问题、做出决定"的意识具有相当大的感染力，不可能的事也忽然变为可能。最后，我们将他们分成小组，共同设定实现承诺、使梦想成真所需要采取的行动。他们设想的行动很实际，以本地为出发点，颇

充裕：三个真相

具可行性，而且也与他们的最新承诺相一致，服务于他们的愿景。人们仿佛重新认识到，自己、家人以及他们的村庄与国家确实具有相当的能力、资源和潜力——足以自力更生与自给自足。

不久，这些工作坊就不断出现在各地的集会中，出现在各个城市与村庄，甚至是家庭聚会中。而且，每个周日都有成千上万的人聚集在达卡的广场上。

锡尔赫特某村庄的一个名叫兹鲁的领导人在探访达卡时参加了"愿景、承诺与行动工作坊"。他去达卡探望表弟，表弟带他来到公园，让他体验一下这个工作坊。兹鲁最初并不想去，他此行只是想和表弟商量一下，能否将全家从锡尔赫特迁至达卡，与表弟住在一起，这样他与家人就能离开荒芜的小村庄。兹鲁的全家都希望他能够在城市里找到一份工作，从而开始新生活。不过，在表弟的劝说下，兹鲁还是与表弟一起参加了工作坊。

工作坊的体验使兹鲁深受感染，也唤醒了他对自己村庄与周边社会的责任感。他在达卡又停留了3天，参加了领导工作坊的培训。然后，他将工作坊与自己的新愿景带回了锡尔赫特。

回到家后，他叫来与自己关系最好的六个男性朋友，为他们举办了工作坊。带着共同的愿景——开发本地区的人力与自然资源——以及无限的责任感，这七个男人一起想出了一个主意，并为创建新型农业综合开发企业制定了计划，以带动整个地区走出贫困，进入自力更生的新时代，并最终获得繁荣与兴旺。他们称其为"Chowtee项目：跨向自力更生的新时代"。

仅仅4个月后，1994年4月，我带着17位战胜饥饿项目的主要资助者来到了锡尔赫特。兹鲁邀请我们去那里参观，看看他与朋友们在这一地区所取得的进展，并感谢我们为他的国家与人民所做的贡献。他和朋友们，也被我们称为神奇七杰，为我们讲述了他们所在

欣赏创造价值

地区的转变，并将转变结果展示给我们看。

兹鲁告诉我们，他如何于12月的那一天，带着从达卡工作坊获得的洞见，以全新的目光看待他与他的村民所拥有的资源，又如何决定创建一个新愿景，并做出承诺，制定行动计划。他的六位朋友加入后，他们一起检视被他们忽视的既有资源。村庄的边缘正是属于政府的贫瘠的休耕田地，遍地都是长着有毒浆果的荆棘。七个人找到政府官员，并获得了他们的许可，清除了侵占他们田地的丛生植被，获得了17英亩的耕地。然后，他们恳请村民们提供资金以购买所需的工具与物资。本已阮囊羞涩的人们拿出自己有限的积蓄来支持他们，一共筹集了几千塔卡（孟加拉货币，相当于750美元。——译者注）。最后，他们以自己的方式在村中举办了"愿景、承诺与行动工作坊"，全村一共有1.8万人，其中有600多人参加了工作坊。

这600多人开始工作，他们沿着这块地的边缘修了一条路，然后开始清除工作。他们的愿景、明确的思路与强烈的责任感打动了政府，他们因此又额外获得了100英亩的土地。他们培养那些已经开始乞讨与行窃的年轻人，教他们耕作农田。他们还教那些贫困潦倒的妇女——她们中的大多数人已经丧夫——耕作。在清除灌木的时候，他们惊喜地发现了一片先前无人知晓的湖泊，还有一条不乏嬉戏小鱼的小溪。

整个区域现在都被利用起来，为人们提供粮食与鱼类。他们训练、雇用了几百人。居住在这一区域的1.8万人都受益于他们的行为，一个曾经饱受贫困之苦的地区现在已经能够自给自足，而且开始变得繁荣。犯罪率也下降了70%！

我们与兹鲁和他的朋友们一起在田中漫步，参观了渔场和培训基地。他们的活力、喜悦与成功深深地打动了我们。在和他们一起

充裕：三个真相

散步时，我意识到，这一切都是他们在几乎没有任何外援的情况下做到的。他们早就拥有自己所需要的一切——土地、水以及成就这一切所需要的智力、体力和能力，然而在援助及其所暗示的"绝望与无能"这一大环境的影响下，他们忽视了这些资源与能力。一旦他们受到启发，重新审视自己，看到自己的力量、创造力与能力，他们的承诺便是没有极限的。成功也是自然而然的事。

看着这片曾经难以穿越的长满灌木丛的土地，我想到了我们的人生，想到那些遮蔽了我们梦想的东西，那些暂时阻碍我们内在视觉或觉察能力的东西。在兹鲁的世界里，阻碍他们的东西是那些灌木丛以及援助所带来的令人困惑的信息——他们既贫穷又没有能力，无法靠自己谋生。而他们也相信了这些信息。只要他们依然相信这一切，就无法看到眼前的资源。而一旦他们将注意力集中在自身那取之不尽、用之不竭的内在资源上，物质化的外在资源就会立刻出现在他们触手可及的范围内。他们会看到，自己所需要的东西自始至终就在眼前。

我永远不会忘记神奇七杰。如果一个人被受害者心态所击垮，他或她的梦想与愿景也会被击碎，消失不再。当我发现自己正在寻求自身力所不及的事情时，脑中就会回荡起他们的话语，然后意识到，如果我能够自内向外地重新审视一下，认知并欣赏既有资源、那些可利用的资源，那么，它们的力量、效用及恩典就会在我的关注下成长、繁荣。

欣赏式探询：一个关于改变的积极理论

人们已经认识到，欣赏是一个组织团体获得成功的有效工具，无论是农民组织、工人团体、雇有几千个职工的公司，还是参与某个社区服务项目的一群志愿者。

大卫·库珀瑞德、黛安娜·惠特尼还有他们活跃在组织理论与人才成长领域的研究咨询团队将欣赏式探询作为一个关于改变的正式模型展示给大家。他们在著作《欣赏式探询：运用关于变革的积极理论重新思考人群组织》中建议，我们应该将参照系从"解决问题"转化成"在所有团体中寻找能够激发、调动与支持积极性转变的可能性"。

他们问道，如果我们以积极的假设"作为人们之间关联与互动的中心，组织具有无限的建设性能力"为出发点，那么我们围绕着改变所采取的行动会有什么不同呢？

欣赏式探询的突出之处在于"在人们、人们所在的组织以及与其相关的世界中寻找最优秀的品质"。欣赏式探询探讨了"系统性地发现，当一个活生生的系统从经济、生态与人类的角度看都最有活力、最有效、最具建设性能力的时候，是什么赋予了它生命"。他们说，我们应该探寻什么有效而不是什么无效；要去发现、梦想与构建，而不是否定、批判以及循环恶化地分析与诊断。

我们围绕金钱的生活大部分都以基于匮乏感的假定、循环恶化的分析以及追求力所不及的解决方法为核心。如果我们能够将全部注意力与欣赏集中在既有的资源上，就能够立刻体验到上天慷慨的赠予。我们会体验到充裕，而体验充裕正是我们来这里的目的之一。我们创造这一愿景并带动他人也获得同样的体验。在充裕的情况下，由于我们能够拥抱生命，从中学习并充分彰显生命，我们生命中的每一个面向都会变成一种资产。我们欣赏与关注什么，决定了我们人生的质量。

我们每个人都能够拥有与运用欣赏的力量，在任何地方、任何时候都可以。我们的祖国与文化或许不同于孟加拉国及其文化，然而，我们有时在金钱问题上感受到的焦虑、恐惧、懦弱与绝望却可能完全相同。欣赏自己，欣赏我们如是的样子，欣赏自己拥有的一切，我们就能够重新看到各种可能性，从而设定愿景，做出承诺，并采取相应的行动。

奥黛莉：寻找自身价值

奥黛莉42岁时，与对她实施情感虐待且对她不忠的丈夫离婚，那时她是全职主妇，两个孩子的妈妈。他们结婚已经快20年了，在丈夫的压力下，奥黛莉放弃了接受高等教育以及成为艺术家的机遇，转而成为一名全职的家庭妇女。多年来，奥黛莉时时想起她设计儿童服装的梦想，然而，每次都因丈夫与公婆的反对而放弃。他们对她说，她不够聪慧，她也相信了他们的话。

她的丈夫来自一个极其富裕的家庭，拥有很多金钱，但他利用法律漏洞使得奥黛莉无法获得他的任何财产。

离婚过程中，包括与早已疏远的丈夫进行的一次次艰难持久的协商中，奥黛莉再次感到丈夫对她的伤害，现在是以很低的金额作为离婚补偿的形式，他认为她多年来投入婚姻的时间与生命毫无任何价值。"我没有任何价值"，奥黛莉从婚姻中获得的这一金钱咒语与盖棺定论性的评判如今变成了离婚协议上的官方讯息，用法律语言表达的讯息。

一天又一天，一个开庭日又一个开庭日，她变得越来越沮丧、愤怒与气馁，她觉得自己受骗了，首先，她那白头偕老的梦想被粗暴地打碎；其次，从实际的角度看，她也没有得到自己本该得到的那部分财产。她对自己能否找到工作感到越来越悲观。

心中巨大的恐惧使她窒息。如果她无法挣得足够的钱来供养公寓并保住孩子们的监护权,她该怎么办?如果事实证明她真的像丈夫所说愚笨无能,没有能力找到工作,又该怎么办?在恐惧与缺乏自信的主宰下,奥黛莉脑中充满了各种灾难性的画面,根本无法想象自己与孩子们能有一个灿烂的未来。许多天过去了,因为愤怒以及对未来的恐惧,奥黛莉没有采取任何积极的行动。

我与奥黛莉相遇于她生命的低谷期——收入与自尊的低谷期。那一天,我们决定将她与金钱的关系作为突破点,来寻找新的洞见,使她重新振作起来。

我们将话题转向奥黛莉所拥有的真正资产:她的天赋与技能、希望与梦想以及她在家人与朋友圈子里的资源。这么多年了,奥黛莉一直觉得自己毫无价值,她很难看到自己还能拥有任何资产,或者任何值得一提的内在财富。

我们开始一个个地列出奥黛莉认为能够为她提供无条件的爱与赏识的人,那些信任她的人,他们也是资产。奥黛莉讲述了她的两个女儿,以及她们之间那亲密无间、爱意连绵的关系,这种关系与金钱没有任何干系。然后,她又提到她的父母与兄弟,他们虽然在物质上不能对她有什么帮助,但却一直坚定地给予她爱和鼓励。她也想到自己那些最亲近、彼此最信任的老朋友,还有新结交的朋友,以及他们对她的关心与爱护。所有这些关系都与金钱无关,无须金钱像胶水一样将他们黏在一起,将他们连接在一起的是爱与赏识。

她列出每个人的名字,大约有20来人,然后我请她列出那些人都欣赏她的哪些品质——他们在言谈话语中曾经提及的品质。她有些难为情地笑了,不过还是列出了记忆中朋友们所提到的品质。像我一样，他们认为她聪明、有创造力、思维敏捷、慷慨、热情、果断而且富有幽默感。

我们达成共识：这些品质是更有价值、更无限的资产，其价值远高于她可能拥有的任何物质财产或者银行账户上任何数目的金钱。有些人甚至需要倾其一生才能够拥有她的这些资产，金钱则更买不到这些品质，而她却已经拥有这一切！

随着谈话的进行，奥黛莉将注意力转移到自己所拥有的友谊财富、品质资产与物质资源上，她清晰地感到自己正在改变，我也看到了她的改变。她在椅子上坐直了一些，人也变得更加有神采，语调则更加自信。她向我描述自己刚刚感受到的转变——关于面对挑战的转变。她感觉自己的恐惧在减弱，而且她已经开始觉得自己能够自立，不再像以前那样需要依赖别人——尽管她依然有需求，也不会再被所处的艰难环境吓倒。她依然感受到一些恐惧，不过现在的她远比以前更加自信，因为她站在一片坚实的土地上，由她所拥有的资源以及他人的鼓励所构成的坚实土地。

"现在，观想25年以后的你。"我对她说。

"那我都70岁了！"她爽朗地笑出声。

"那就想象你70岁了，你的女儿们已经长大成人，或许都已结婚成家。你已经有了外孙、外孙女，那是你一生中一段非常美好的时光。你已经与自己、与自己的过去和解，而且能够心平气和地去回顾自己的过去。你是如何度过刚刚离婚后的那段时光的？你找到了什么样的可能性与机遇？又为你的女儿们创造了什么样的可能性与机遇？是什么支持你度过了最初那艰难的几年？"

奥黛莉停顿了一下，然后开始讲述，最初略带犹豫。

"我不再任恐惧阻碍我前行，"她说，"我依然害怕，不过我还是坚持去做，我信任自己。"

欣赏创造价值

"你为外孙、外孙女讲述自己如何度过那段经济难关时，打算告诉他们什么呢？"我问，"什么是你找到'充裕'的突破口？"

她再次停顿，仿佛在静静地聆听远处那个更智慧、更成熟的自己从未来向她传递讯息。然后，她带着坚定的语气回答说：

"我不再等着他人来告诉我该做些什么。我认识到，自己必须去做不同的尝试，而我也确实这样做了。我建立了对自己的信任。以前的许多年，我都把自己的信任放在一个男人身上。现在，我把其中四分之一的精力用来建立对自己的信任，其他的四分之三则用于谋生以外的事情。我认为，女人们都应该认真审视一下，看看自己将多少精力放在与他人的关系上，然后有意识地将其中的四分之一用于与自己的关系上，这样，她们就能够像我一样，取得如此的进步。"

"你是如何谋生的？突破点在哪里？"

奥黛莉再次停顿了一下，然后带着歉意的目光说："我试着去想这件事时，心中感到恐慌，就不敢继续想下去了。"不过她还是集中精神，继续观想她的未来。

"我开始从事儿童服装设计，并以此谋生——这使得我们能够继续生存下去。"她回答说。

我们讨论了她的梦想，她会发挥自己的激情与天赋来真正地生活，而不是仅仅挣够付房租的钱，或者像她的前夫及其家人那样，大发一笔横财。就在我们谈话的过程中，她已经能够后退一步，冷静地觉察自己有多少能量都被无谓地消耗在对于金钱的恐惧，以及自己从未质疑过的假设——"我没有能力使自己和孩子们过上美好的生活"——上。她对自己说，如果她将浪费在焦虑、担心与恐惧的能量用于开发自身的资产，建立承诺，并制定计划以实现愿景，她深知自己是能够成功的。

之后的几个月，奥黛莉一直与我保持联系，告诉我她的最新进展。随着自信心的增强，再加上朋友与家人的鼓励，奥黛莉开始关注市场营销策略，一步步地学习营造自己的事业。

　　一天晚上，奥黛莉参加了一个为创业女性举办的研讨会，这使她于一瞬间发现了一个互相交流与帮助的世界，其中有各种各样的小型企业互助小组，还有各种各样的工作坊，那些工作坊的内容正是她筹建自己的企业所需要的知识。此后不久，她参加了一个辅导项目。这个项目中，许多成功的商业女性为像她一样的女性担当老师与顾问。奥黛莉参加了许多课程，学习金钱在商业中的流动以及各种理财知识。无论她去哪里，只要她将新的服装样品展示给朋友看，总有碰巧路过的人想将衣服买下来。陌生人也对她的产品与愿景深感兴趣，奥黛莉为此兴奋不已。

　　奥黛莉一步步对她"梦中公司"的生产与销售进行了调研，进一步改进了自己的产品设计，还撰写了商业计划。在这一过程中，她的创造力、热忱与敏感的商业意识给人们留下了深刻的印象。随着计划的进展，她获得了好几个兼职的机会。她越来越投入地创建自己的事业，她的朋友圈与业务关系也不断地扩展，这一切都是对她以及她的努力的鼓励与支持。

　　随着时间的推移，奥黛莉与金钱的关系也发生了改变。她不再生活在对金钱的恐惧之中，也不再总是害怕钱不够用，而是谨慎地对待自己所拥有的一切，同时专注于创建一个实际可行的事业，做自己喜欢的事。她与金钱的关系发生了彻底的转变。她不再是以前那个受害者，或者依靠前夫赡养的被动参与者，那个害怕被剥夺财产权或者因被剥夺财产权而生气的人。现在，她逐渐认识到自己的赚钱能力，以及自己作为一个在商业与生活中都富于创造力与生产力的企业家所具备的价值。她在商业计划中写下了自己的承诺，承诺要通过提供缝纫、生产与销售等工作机会成为其他妇女的资源。

奥黛莉的生活并不是一帆风顺的，也有艰难的日子，然而，当她将注意力集中在——即使仅仅是片刻时间——自己的充裕上，哪怕是最简单的一个面向，她都会于这一刻重获勇气与能量，甚至是喜悦。每次奥黛莉都能够找到继续努力下去的勇气，"并非过多，而是足够的勇气"，她事后笑着说。奥黛莉还说，更令人惊奇的是，每一次她准备好进一步执行她的计划时，都碰巧会发现她当时所需要的：她恰恰需要的业务联系、正合适的工作室、正符合她心意的供应商，还有恰好满足她希望的投资者。第二年年末，奥黛莉成立了自己的公司，踏上了前景辽阔的征途。奥黛莉运用支离破碎的生活碎片，创造了一份杰作。

詹姆斯：失而复得与华丽转身

人们很容易认为，这些关于欣赏与充裕的讨论都是针对像奥黛莉和神奇七杰那样的人，他们几乎一无所有，因此必须学会欣赏与感激自己所拥有的那一点少得可怜的东西，否则便会陷入沮丧之中无法自拔。其实，这也同样适用于那些拥有巨额财富、资产过剩的人。他们会，他们也常常确实，迷失在过剩的物品、房屋、汽车等物质资源中，对金钱以外的内在生命与意义没有任何感觉。特蕾莎修女曾经提到过"灵魂的深度贫困"对富人的影响，并说，在美国，灵魂的贫困深度要超过她在世界其他地方所见过的所有贫乏。

詹姆斯对这种精神上的贫乏毫不陌生。他出生于美国密苏里州的一个小镇，他的家族拥有镇上的主要工业。家族姓氏是他的咒语。任何知道他的人都认为他很富有，无须工作。而且他们自然而然地假定他是一个被宠坏的富家子弟，对他既羡慕又轻视。

詹姆斯有一颗宏大的心，他希望自己被人看作为社会做出贡献的普通一员，他认为自己的姓氏和财产是可怕的负担，使他无法与人们以及周围的世界进行正常的来往。他讨厌，其实是憎恨这一巨大的负担。他觉得自己必须逃离这一生活环境，以找到真正的自我价值，从而来证明自己。他内心的空虚越来越深，无价值感、愧疚与耻辱使他备受折磨。

我与詹姆斯在大学相遇。尽管现在我回顾过去，能够看到他所承受的痛苦，但当时我却对此毫无知觉。他只不过是我众多的同学中的一员，学习、考试、喝啤酒，过着一个大学生的典型生活。

若干年后，在我们一个共同的朋友家中，我再次遇到了詹姆斯。他看上去比实际年龄要老，不过依然如我记忆中儒雅与英俊。几天后，他邀请我共进午餐，说他需要我的一些建议。进餐时，他为我讲述了自己的故事。詹姆斯酗酒，是两个孩子的父亲，正在进行第二次离婚。他的钱足够他奢侈一辈子，然而他却感到迷失与悲哀，而且害怕人们发现他的私生活狼狈不堪。他很想改变，却不知该怎么做。

正像他人生中的其他关系，詹姆斯与金钱的关系也充满了伤害、冲突、不信任、失望和混沌不堪。幼年时起就折磨着他的情感问题一直被他忽略，家族的金钱使他能够巧妙地解决婚姻、家族、友谊以及人生中的各种难题。詹姆斯从未自己挣过一分钱，他为此于内心对自己有着深度的怀疑。除了那些他深切憎恨的金钱，他觉得自己一无所有，没有任何价值。他有钱做任何事情，然而，他的人生却变成了一个昂贵且越来越复杂的看手势猜字谜游戏，用以掩饰酗酒、失败的婚姻、肤浅的友谊以及极度的无用感。

他是一个充满关怀的人，想为这个世界做一些有益之事，并在自己的一生中做出有意义的贡献。他希望能够重新开始，但又觉得自己被过剩的财产与个人的失败困得寸步难行。

我们开始定期交流，在詹姆斯着手缓慢、费力地修复他与其他人的关系的同时，我们专注于他与金钱的关系。他将自己的问题归罪于家族的名字以及他将继承的财产。詹姆斯逐渐释放了许多情感上的负担，诸如富家子弟常有的愤怒与不快乐，还有关于失败的婚姻以及他眼中那些投机者的情绪。然后，过了一段时间，他对"抱怨、责骂他的金钱与过去"的内心需求逐渐减少，并开始谈论自己渴望成为的那个人。

如果他能够按照一个更深刻的愿景来生活，他的生活将会是怎样的？如果他能够真诚地对待他的孩子们与两位前妻，他与他们的关系又会如何？除了他对孩子们应有的关心，还有什么更高的承诺盈满他的内心？他想为这个世界创造何种不同？

观想他喜爱的生活使詹姆斯对各种新的可能性敞开了心扉，也使得他能够重新体验自己。我们将注意力集中在这一新愿景时，就好像是在奄奄一息的黑炭中扇起丝丝余烬，各种可能性闪烁着亮丽的光芒，各种各样的主意与想法开始变得清晰与明确。他感觉自己对那些正在奋斗挣扎的年轻人颇为关注，希望能够与他们一起做些什么。詹姆斯成了当地一所学校的志愿者。随着他对那些因为缺乏学习能力而必须刻苦努力的孩子们的了解的增多，他也发现了自己在这方面的天赋。他与这些学生、老师以及特殊教育工作者们的合作越多，就越理解这些孩子之需求的复杂性，以及人们为他们所做出的努力。

那些曾经是他一生负担的金钱现在则变成了资源，使他能够帮助各种服务于有特殊需求的儿童的组织。此外，他还成了社区中学以及学校资金的积极支持者，为所有的孩子谋福利。他自己那痛苦的童年也变成了一种资产，赋予他更高的敏感性与孩子们互动。他那混乱不堪、充满烦恼的生活也日趋平静，他甚至开始将这些混乱看作一个通道，带他从一段困惑、烦恼不断的时期进入到一个更有目标与意义、更充实的新时期，并因此心存感激。

他的孩子也和他一起参加了志愿者工作，作为一个单身父亲，他与孩子们的互动丰富了他们之间的关系，他们对彼此的欣赏也日渐增加。詹姆斯的辛勤工作，以及他对学校、学生们、子女们的付出，不仅改变了许多孩子的人生，也改变了他自己的人生。长时间来一直被他看作诅咒的金钱则转化成了一种工具，带他进入到一个富于连接与贡献色彩的、有益的新人生。

赖内·马利亚·里尔克的诗作（由罗伯特·勃莱译成英语）如是说：

> 我热爱生活中的黑暗时分，
> 那时，我的意识坠入深渊。
> 如古语所说，我从中发现，
> 我已度过的私人生活，
> 变得更加广阔与强大，就像传说一样。
> 于是我知道，我还有空间，
> 经历宏大、永恒的第二次生命。

詹姆斯经历宏大、永恒的第二次生命的时刻到了。

佛陀的智慧

佛陀教导他的弟子们，无论他们关注、热爱、欣赏、聆听、肯定什么，他们关注、热爱、欣赏、聆听、肯定的对象都会在他们的生活和世界中成长壮大。他将一个人的生命以及这个世界比喻为一个花园，一个需要阳光、养料和水分才能变得茂盛的花园。花园中有慈悲、谅解、爱、承诺、勇气等各种肯定与激励我们的品质种子。在同一个花园中，除了上述这些种子，还有仇恨、偏见、报复、暴力以及其他所有具有伤害性与破坏性的种子。这些种子以及其他一些与此类似的种子存在于同一座花园中。

得到我们关心与呵护的种子才会发芽成长。我们的关注就像水与阳光一样，我们培育的种子会成长壮大，充满我们的花园。如果我们选择去将注意力放在"匮乏"的种子——获取、积累、贪婪以及其他源于这些种子的东西——上，那么匮乏就会充满我们人生的所有空间，充满这个世界。如果我们呵护那些"充裕"的种子，运用我们的金钱，像浇水那样以灵魂使命为出发点来滋育它们，就能够获得并享受丰盛的收获。

神奇七杰与孟加拉人民、奥黛莉和詹姆斯与我们并没有什么不同。欣赏的力量使得他们能够扩展、深化他们对"真正的财富、真正的自己"的体验，这对于他们中的每一个人来说都是如此。在充裕的意境下，在与金钱的关系上，或者说在围绕金钱的问题上，他们都找到了新的自由，并由此发现了通往丰盛的路。在欣赏的沃土上，在关注的阳光的持续照耀下，新的可能性与机遇会毫无限制地生根、发芽与成长，这对于我们所有人而言都是如此。

充裕：三个真相

第七章
合作创造丰盛

对于"有产者"与"无产者"的划分并不成立。我们都是有产者，拥有的资产各不相同。在合作中，我们都是平等的合作者，共同为所有人创造完整与充裕。

一个周五的晚上，我因为开了一整天的会，筋疲力尽。开车从索萨利托回旧金山的路上，在距离金门大桥几个街区的地方，汽车的制动开始出问题。我把车开进最近的加油站。那里的人不会修理制动系统，他们告诉我那条街上有一家汽车修理厂。我缓缓地开过这段很短的距离，当我终于来到汽车修理厂时，发现自己运气实在太差了。那时已是晚上七点多，汽车修理厂已经关门，办公室里的灯光已灭。不过我看到一丝微弱的灯光从修车厂的窗子透过来，绝望的我朝灯光走去，隔窗向内张望，希望能够找到一位好心的修理工。不过，我却看到大约有三四十个人正在开派对。所有的汽修工具都被推在一边，中间留出一片空白的水泥地，并用宴会专用的灯具与饰品装饰起来，空地中央是一台华丽的三角钢琴。派对正在高潮时分，那架钢琴却只是静静地站在那里。我鼓足勇气走进去，找到了修车厂的主人，一个名叫里克的人。他手中正端着一杯香槟。我问他是否可以找人帮我一下，并告诉他我的车出了什么问题。

"只要你们能帮我修好制动，让我能顺利回家，付多少钱都行。"我对他说。

里克大笑着说："女士，这不可能。我们正在开派对，玩得正高兴。"接着他开玩笑说："不过，我们请的钢琴手没来，如果你能为我们弹钢琴，我们就帮你把车修好。"大家都开怀大笑。不过呢，我还真的会弹钢琴。于是，我为他们弹了大约一个小时的钢琴，人们在我周围笑着、唱着、跳着。与此同时，修理师也兴高采烈地为我修好了车。车修好后，他们向我挥手道别，不肯收我一分钱，并为我们的友谊举杯祝福。我安全地回到家，也不再感到疲惫，没有一丝筋疲力尽的感觉。恰恰相反，我心中异常兴奋，浑身充满了活力。我从天而降，出现在他们面前，正巧带着他们所需要的东西；而他们也提供了我恰恰需要的东西。我们之间的相遇充满了"巧合"的喜悦以及能够互相帮助的满足感。

合作与互惠是再自然不过的，然而，在我们居住的这个世界上，竞争以及对"匮乏"的恐惧却阻挡我们看到这种互助互惠的生活方式。合作与互惠并不适用于一个"你或我的世界"。而在"你与我的世界"里，合作、协作、分享与互惠则无处不在。在这个世界里，我们所拥有的资源是足够的，但也是有限的。如果我们有意识地将合作与互惠带入日常生活中，合作的神奇魔力与丰盛就会在我们触手可及的地方，等着我们去发现。

基于匮乏心态的关系多以"资源紧缺"、"多多益善"、"事情本就如此"的信念为出发点，无论它们在当时看起来多么稳固，最终都会限制自身。这种关系基于谎言，只会破坏我们生存的长久性与持续性。而真正保护与维护我们的关系，则产生于充裕的境

充裕：三个真相

界，充满了分享、多样性、互惠与合作的色彩。当我们将资源看作大家共享的资产，当我们将注意力集中在运用既有资源创造不同，当我们以能够扩展与深化这种体验的方式彼此合作时，就会找到充裕以及长久的丰盛。

百乐餐（每人自带一个菜的聚会）、合伙用车（顺路的人同乘一辆车）、分时度假（房屋所有权的一种，亦即买下某住所的部分所有权或部分使用权，然后就可以在每年的固定时段使用该住所）、游戏小组（理念相近的家庭自行组织的小组，有供孩子们游戏的场地和玩具，年龄相近的孩子们一起玩，家长边聊天边照顾孩子）与大家缝（指妇女们聚在一起做针线活或其他手工活的活动）这些活动，这些互相分享、互相关心的方式，比我们所想象的更能丰富我们的人生，远超过金钱可能或者能够起到的作用。合作将我们带向充裕，并使我们深植于充裕之中。基于充裕的关系平等地对待与尊重每个参与者所具有的个性、知识、创造力、经验与智慧，并允许我们积极地参与一个充满活力与创造力的过程。合作由此成为让能量、关注与充裕的资源顺畅流动的回路，并不断地更新。合作中蕴含着信任，信任资源足够而且我们会知道该如何一起聪慧地运用它们。

回想一下你曾经参与的一次颇有成效的合作，想一想这一合作过程如何加深了你对自身的感受，以及对合作者的欣赏与尊重。想一想你以及你的合作者（们）曾经需要展示的慷慨的品质与开放的心态；想一想你们看到合作成果后心中的满足感，以及在收获果实时所体验到的真正的富裕。

互惠使得我们能够欣赏彼此独一无二的天赋。互惠犹如我们吸入的空气，不多不少正是我们所需要的，而我们呼出的空气也恰恰是我们必须释放的，充裕、恰到好处而且是对生命的肯定与加强。

合作创造丰盛

认知、升华与照亮我们生活中的互惠性关系及互动就是开发我们与生俱来的财富海洋。互惠中充满了滋育与喜悦：我会支持帮助你，你也会支持帮助我。

作为一个以"充裕"理念为工作基础的积极分子与募捐者，一个自己也努力在充裕原则指导下生活的人，我每天都在生活中看到合作的力量，它在将我们隔开的年龄、种族、性别、宗教信仰与社会经济鸿沟上架起了一座座桥梁。在孟加拉锡尔赫特所发生的大转变、塞内加尔某个村庄的妇女挖井所创造的奇迹，以及许多其他将长久挣扎转变为辉煌成功的事例中，合作的益处是显而易见的。不仅如此，在贫困中挣扎以及在物质财富中挣扎的人们进行的内在转变中，也存在着或许并不轰轰烈烈，有时甚至并不为人察觉的胜利。这种情况下，合作的结果是自我发现、个人成长与内在疗愈，还有以前根本无法获得的对充裕的体验以及金钱买不到的幸福。

在与金钱的关系中，合作不仅将我们从为了获得充裕感而被迫追求更多的境地中解放出来，还创造了一种机遇，使我们能够运用既有资源来创造不同。它将金钱重新置于其应属的位置上，和许多其他我们尊重与需要的资源具有相同的地位。它维持着金钱的流动，使其以能够为包括我们自己的大多数人谋福的方式不断地循环，无论这一金钱之流是滔滔大河还是涓涓小溪。

特蕾西：共享资源，共享富裕

特蕾西是我最亲密、最挚爱的朋友之一。她的人生之路充满了挑战，尽管如此，她总是恰好拥有自己与孩子们所需要的一切。在生活的每一个转折点，她都能够找到合作的价值与力量。我一次次地被她对充裕原则的坚定信念所打动。

特蕾西是两个孩子的妈妈，生活在加利福尼亚北部的一个小社区。20世纪80年代末期，她与丈夫离婚。丈夫离开时，特蕾西一度认为她无法再继续生活下去。她几乎身无分文，没有丈夫，只有两个年幼的孩子与满心的绝望。

在灵魂深处，特蕾西一直希望能够生活在一个不同的文化环境中。婚姻破裂后，她决定去一个遥远的地方，整理思绪，净化心灵，以更加开放的心态思考自己与孩子们的未来。特蕾西曾在日本为战胜饥饿项目工作过，并与一位日本同事大内浩史结下了深厚的友谊。浩史是多摩川大学的教授，他与自己的美国夫人詹尼特共同育有三个孩子，年龄分别为12岁、10岁和8岁。特蕾西的女儿赛琪那时7岁，儿子塞巴斯蒂安5岁。

特蕾西写信给詹尼特和浩史，向他们讲述自己离婚后的绝望，并对他们说，希望能够换个环境以静心思考自己的处境。詹尼特立刻回信，邀请他们去日本度寒假。大内一家住在富士山脚下，远离尘嚣。他们没有电视，自己在家给孩子们上课。大内全家大张双臂欢迎特蕾西和她的两个孩子，将他们迎入自己的家，迎入自己的生活。五个孩子成了亲密无间的好朋友。

在大内家做客的这段时间里，每一天都有崭新、喜悦的事情使得他们的友谊更上一层楼，他们也更加欣赏彼此所拥有的天赋。特蕾西带来了自己的管理天赋、趣味烹饪的天资以及组织大家共度美好时光的创造力。时间一晃而过，假期结束了，特蕾西和孩子们按原计划返回美国的时间到了，一个新的可能性浮出水面。据说当时的情形是这样的，特蕾西说："我都不记得我们为什么要回去。"詹尼特接话说："没人说你们必须得走……我们很希望你们能够留下来！"这一充满喜悦的时刻拉开了一段快乐时光的序幕，他们称其为"十四个月的礼物",他们赋予彼此的礼物：共同承担的责任、真诚的友谊与快乐的大家庭。

特蕾西曾是一名教师。她在家给五个孩子上课，帮忙做饭，提出各种建议帮助维持三个大人与五个孩子快乐的家庭生活；她还兼职为"战胜饥饿项目"工作，与浩史一起修习佛教，与詹尼特和孩子们一起唱古老的民谣。渐渐地，她在大内家这一充满滋育的环境中疗愈了自己。

大内一家为她提供了温暖、舒适与喜悦，这正是特蕾西与孩子们在家庭破裂后最需要的东西。与此同时，大内一家也面对着一个艰巨的挑战——刚出生不久的女儿患了致命的重病。特蕾西和孩子们加入这个大家庭后，与他们一起同甘共苦，其中也包括参加婴儿的葬礼，与他们一起度过这个痛苦的时刻，与他们共同承担失去亲人的痛苦。两家人都因此受益，变得更加快乐。他们都获得了自己最需要的东西，借由合作与对彼此敞开心扉，他们体验到了充裕感——美丽的富足感受。大内一家觉得能够与朋友共享自己的家与家庭生活是一种福气，特蕾西则找到了时间与地点来进行她所需要的精神疗愈。不仅如此，她还能够与女儿一起写书，并为战胜饥饿项目工作。五个孩子在这个快乐、和睦的组合家庭中长大，这种环境远好于两家单独生活所能够拥有的环境。

两家都分别提供了那一时期他们所拥有的东西：大内一家具有稳定的生活、稳定的收入以及足够大家生活的宁静的家居空间；特蕾西和她的孩子们则带来了以精神基础与纪律原则为引线的活泼、欢笑和创造力。那时，两个家庭在情感上都处于人生中最困难的一段时期，他们在彼此那里获得了同情和力量。

特蕾西和孩子们最终回到美国。之后，特雷西向几位亲近的朋友讲述了在一个扩展的大家庭中生活的快乐和益处。在征得孩子们的同意后，特蕾西与朋友决定开始一种集体性的生活。他们找到一座房子，这座房子位置理想，就两家的经济能力而言，根本无法单独负担其费用。这座房子临近口碑很好的学校，供孩子们游戏的室外场所也非常宽敞。因为另一对夫妇在外工作，特蕾西希望能够在家工作，这样四个上小学的孩子放学回家后能有人照顾。特蕾西发现自己具有采访与写作的天赋，于是便成为自由职业者，从事为老年人记录、撰写其人生故事的工作。特蕾西的事业小有成就，两个家庭在一起共同生活了十一年，双方对这段时间都深感满意。现在，特蕾西从事着自己最喜欢的工作，她的孩子们也受到了良好的教育，而且还生活在一个美丽、温暖、充满滋育的环境中，这个大家庭使得他们的人生变得更加丰富多彩。尽管根据美国的标准，特蕾西的年收入低于中等水平（大约35000美元），但她和孩子们过着充裕的生活，什么都不缺。

这一旅程始于绝望——离婚后的绝望，还有恐惧——对于金钱以及无法养活孩子的恐惧，然而，却最终转化为通往合作——与密友和家人分享喜悦的合作生活——的途径。反过来，她的朋友也为有机会能够与特蕾西和她的孩子们分享生活的乐趣而倍感荣幸。

特蕾西生活在充裕的境界中，由此，她拥有在两个不同面向上慷慨行事的空间与心境：其一，贡献出自己所拥有的一切，而不再担心会失去什么；其二，于内心深处坚信宇宙会提供给她所需要的一切。她告诉我，她以特蕾莎修女的话"认真工作，就好像它能够决定一切；把其他的交给上帝"为指导。特蕾西在她自己和孩子们身上发展出"充裕感"，这在我们的文化中已经变得如此陌生。充裕感——我们拥有充裕的资源，我们本自具足——使得她能够收获合作与互惠的硕果。而且，她那已步入青少年时期的孩子们也在茁壮成长，他们积极关注并发展自身的天赋，并准备运用这些天赋为这个世界创造不同。

真正的"丛林法则"：合作与竞争的平衡

19世纪的科学家与经济学家为我们描述了一个艰辛、严酷的自然世界，在这个世界中，对于食物以及其他资源的竞争是不可避免的，这种竞争也是自然界用来平衡人口与资源的工具，优胜劣汰。政治经济学家托马斯·马尔萨斯将饥荒、疾病、贫穷和战争看作神圣的自然惩罚，用来控制人口，防止人口过剩。查尔斯·达尔文则将"适者生存"看作对紧缺资源的竞争以及物种进化的基础。与这些认为自然界具有天生、激烈几乎是排他的竞争性的模型相反，近期的科学研究则阐释了自然界之相互依存、协同作用、共存共处与合作互助所扮演的重要角色，更加精确地描述了这一角色所代表的生命画面。

仅仅对这个世界的食物资源与人口数目做个粗略的比较，我们就会看到，地球上的食物足以保障每个人的生活。然而，却不乏其他的因素导致某些人获得了过多的食物，而另一些人则营养不良，面临饿死的局面。长期的饥饿并不是自然用以限制人口或改善物种的方式。事实上，这与自然的关系甚少，起重要作用的是并不完善的政府、政治以及我们自己所构建的经济体系。

"事情本就如此，匮乏与竞争是理所当然的"，此类观点已经不再切合实际。备受尊崇的生物进化学家伊丽莎白·萨托瑞斯说，大自然鼓励并促进合作与互惠，自然界中确实存在竞争，不过这种竞争是有限的，生存的真正法则最终还是合作。

大自然借由平衡与意愿来展示自己，带着充裕的色彩，在充裕中繁荣。狮子只吃掉维持自己身体所需的动物，绝不再多。一只健

充裕：三个真相

康的狮子不会持续地实施杀戮的暴行，它只是取用"足够"而不是"过多"的食物。不同物种的植物与动物共存，各自贡献出自己不可或缺的力量，共同创造一个能够支持所有生命的平衡环境。萨托瑞斯等人阐述说，与"适者生存"所暗示的相反，更准确的描述应该是"合作者生存"。我自己的经验是，这一真理已经强烈地体现在热带雨林中，在那里，每迈出一步，都会看到生命那不可思议的丰盛以及微妙精美的内在连接。

环境学家唐奈拉·梅多斯是我的亲密朋友，也是我在战胜饥饿项目的同事，我们一起工作了20余年。她在《发展的极限》等著作中阐述了对自然界这一更加开明的洞见。不仅如此，她在自己的工作与生活中，也躬身力行地为人们展示着被人忽视的"充裕世界"，这个存在于地球之上，支持所有生命的世界。

唐奈拉认为，将经济假设与自然界的现象相比较，经济法则借由"我们必须更多、更快地消费、生产、竞争与支配"的假设推动着匮乏的列车，而处于平衡状态的大自然却把竞争与合作置于并存的条件下，创造、生产与消费都以出生、成长、死亡的循环形式进行。她写道：

> 经济学家们说："只有和一个实力相当的对手竞争，才能够高效地工作，成长与发展则是竞争成功的回报。你必须一个接一个地吃掉自己的对手，只有这样，你才能获得资源，从而吞掉更多的对手。"

> 地球说："竞争？确实如此。不过竞争是有限度的，不要将对方赶尽杀绝。只拿取自己所需要的，也要留给对方一些，使其能够继续生存下去。只要情况允许，就不要竞争，要合作。要为彼此授粉，互相启迪，互相帮助。建

造坚固的结构，托起更幼小羸弱的物种，使它们也能够承蒙阳光的照耀。传递营养，共享领地。竞争中会有一些物种拔萃而出，合作中也如此。你们并非生活在战场上，而是生活在一个共享资源的社会中。"

在与金钱的关系上，大自然为我们展示了如此多的智慧，我们只需对这些洞见持更加开放的态度，并重新审视那些旧有的假定。比如，最新研究表明，长期以来，"战斗或逃跑"一直被看作人类应对威胁或恐惧的正常反应，实际上，这一反应主要体现在男性身上，女性对威胁的典型反应则是与他人连接与合作。一系列的科学发现都为我们指明了"合作与互惠"这个自然界的更大的真理。竞争与冲突确实是自然界不可否认的一个组成部分，不过却并不像那些将人类的贪婪与暴力看作自然现象的人所说，是占据主导地位的一部分。以自然界作为人类行为的象征与模型，还片面地以事物的一个面向——竞争、侵犯与暴力——来定义出一个只有胜者与败寇的世界，并宣称"事情本就如此"，这是一个错误，甚至是有意的操纵。

诚然，自然界中也存在着冲突，比如许多野生动物为了获取优势，争夺配偶、食物与领地而斗得死去活来。然而，即使在动物的社会里，这也仅仅是它们一系列复杂行为中的一种，还有其他众多诸如抚育、探索与交流——交流关于食物、水与掠夺者所处位置的重要讯息——的行为。

大自然并非独立于我们之外的模型。我们是大自然的一部分，具备它所有的复杂性。作为自然界的一部分，我们可以认为恐惧与侵略行为是自然之举，不过它们只是"合作与共生"这个承载生命的更大关系框架下的极端行为。此外，从自然界中那些肯定生命的行为与画面中汲取灵感也同样合情合理，其实是更合情合理，因为此类关系、此类行为品质为我们提供了最好的模型与最佳的方法，助我们在与金钱的关系中，在人类生存以及地球持续性发展等方面更上一层楼。

慈善事业与"援助之手"

有一句印第安谚语如是说："如果你是来帮助我，你就是在浪费时间；不过，如果你的自我解放与我的自我解放息息相关，那就让我们一起工作吧。"

作为一名募捐者，我一直从事协助人们合作的工作，并全身心地投入到这个"施与受"的世界。这一切听起来都如此美好，不过我也看到，那些乍看起来颇为真诚与美好的事物背后，也有其阴暗、不诚实的面向。人们或许很难想象，慈善事业竟然也有其黑暗或不诚实的面向，不过事实确实如此。

多年前我在芝加哥就遇到了这种黑暗面向，那时我接受了那位食品公司首席执行官递过来的五万美元支票，但事后才意识到这笔钱充满了负疚感，纯粹是为了弥补他们公司在公共关系上所犯的错误。我也在孟买看到了黑暗面，在那里，我得知乞讨者们弄残自己的孩子，其目的只是为了使游人感到震惊与愧疚而掏钱施舍。然而，他们以这种方式得到的金钱只会使操纵与被操纵的状况——最终则是乞讨的恶性循环——一直延续下去。我也曾经看到，一些富人通过捐赠来美化自己的公众形象，或者借由允诺赠予金钱从那些渴望得到金钱的人身上获得关注或特权。我还曾见到过一些组织、项目和个人为五斗米折腰，他们委屈自己去迎合、巴结富人，以获得巨额支票。

这种黑暗面在艰苦挣扎的国家中并不鲜见，这些国家从援助国获得了大量的支援——金钱和食物等资源，这些资源大多却最终落在腐败官员的手中，他们的贪婪之手握得更紧，紧紧地控制着那些在水深火热中挣扎的人；这些资源也会使得接受捐助的人不再努力，完全依赖援助而活。即使在最平常不过的慈善性质的施与受中，也存在着黑暗的面向，比如那种疏离的慈善行为：因愧疚感而给予，将金钱从"有钱人"那里转移到"无钱人"手中，更加延续了关于"有产者"与"无产者"的谎言，而不是将人们看作拥有不同资源的合作伙伴，互相帮助，共同受益。

20世纪90年代初，我在埃塞俄比亚见证了过剩以及举措失当的慈善行为所导致的令人痛心的后果。我访问埃塞俄比亚的六年前，人们举办了"拯救生命"音乐会，这是到那时为止历史上规模最宏大的一次电视募捐活动。这场音乐会成功地将世人的目光集中在1984年发生在埃塞俄比亚中央裂谷的大饥荒上。他们募捐到成百上千万美元的资金，大量的食物被送往埃塞俄比亚，以阻止死亡的进一步发生。几周来，埃塞俄比亚及其人民一直站在世界舞台的中心。电视上他们那憔悴、饥饿的面孔与骨瘦如柴的身躯牵动了全世界人民的心弦，各种慈善捐助大量地涌入各个代理机构，以缓和饥荒，帮助埃塞俄比亚人民渡过难关。

尽管人们利用这些捐款做了许多善事，也拯救了不少生命，但是，我六年后访问埃塞俄比亚的时候，依然看到许多人徘徊在死亡的边缘。他们已经忘了什么是自力更生，正等着全世界再来拯救他们。只是现在，不再有头条新闻与电视画面的宣传，他们深陷于绝望无助的境地之中，而全世界的注意力却已经转移到其他危机之上了。埃塞俄比亚经历了所谓的"捐助疲劳症"，援助日渐减少，最终到了近似为零的地步。

充裕：三个真相

在踊跃捐助的那几周里，或许捐助者更多是为了释放自己因这些凄惨状况而产生的不适感，而不是为了真正解决埃塞俄比亚的饥荒问题。一旦这一饥荒不再是众人谈论的话题，关注与金钱就立刻转移到了其他地方。而从另一方面来讲，埃塞俄比亚人民学到一点，他们必须继续抱着饥饿的婴儿去唤起自己渴望得到的关注，从而使得某种形式的援助继续流向他们。就像孟买那些有组织的乞丐学会了如何利用能使自己受益的形象来获得施舍一样，这种建立在怜悯与同情"贫困之人"基础上的慈善关系，对我来说，已经开始变成一种关于贫困的色情电影，贬低了所有的参与者。

我在发展中国家工作的过程中，一次次地见证了此类援助的代价。我见过许多患有"依赖后遗症"的人，也在世界各地看到了福利国家——无论这个国家是富有还是贫穷——的后果。事实上，在组织机构里、家庭中以及国与国之间都有类似的情况发生，人们以一种家长式居高临下的方式"帮助"他人，培养了依赖他人的人，而不是鼓励与支持他人学会自力更生，建立健康的互助关系。此类援助贬低了所有人的价值。

无论是国家之间，还是在我们的家庭与周遭社会这一相对较小的空间里，如果施予金钱的人认为自己是仁慈的救主，被看作"接受者"的人就无法建立或认知自己的价值与自力更生的能力。"仁慈的救主"会错过"健康的互助"这一至关重要的人生经验，而接受金钱的人则常常将自己看作无用之人，而不是那个他们本可以成为的有用、有价值的人。没有热忱、合作精神以及该如何去做的洞见，富裕之人根本无法运用金钱来真正改变任何事情。只有在合作过程中尊重、珍惜并接纳当地智慧，才能获得更长久的收益。如果没有"大家一起共同面对挑战"的承诺，慈善行动不会解决任何问题。它只会短暂地将问题从我们眼前拉开，使我们暂时脱离困境。

社会教会了我们给予与接受，而我们真正需要的却是全身心的投入、合作以及伙伴关系。

我们在合作中体验到，慈善与团结有着明显的区别。塔德·哈格瑞夫是青年环境保护协会的积极分子与推进者，他说：

> 只有以团结为基础，慈善事业才是完整的……慈善或许能够通过体制来帮助那些正在经受考验的人，然而，团结却有可能考验这个体制本身。团结不仅仅为我们提供各种资源，也积极地改变牺牲一部分人的利益将资源送到另一部分人手中的不公平体制。团结声明："我不想从不公平的体制中受益……"团结自始至终都知道，我们是连接在一起的，因此关于"我们"与"他们"的选择本就是错误的。

负责任的慈善事业：金钱与灵魂共舞

在募捐者的生涯中，如果说还有什么事情令我惊讶的话，那就是：世界上一些最伟大、最激励人心的慈善家并没有多少金钱。当然，有些慈善家确实相当富有，甚至富可敌国。不过在美国以及全世界范围内，慈善行为并非富人与名人的专利，勤劳的工薪阶层、普普通通的平民百姓都能参与其中。根据《美国慈善捐助年报》，2000年美国国内捐赠给非营利机构的金额高达2000多亿美元，其中只有5%来自于公司，7%来自于基金会。个人捐款则高达88%！也就是说，大量的慷慨捐赠来自于个人。而那些提供了88%捐款的人当中，有75%的人年收入低于15万美元。

许多贫困国家的人民，他们的慷慨真是令人吃惊。比如非洲，那些村子里的人与世界上大部分的人没有任何区别，也是通过互相依靠、彼此慷慨相助来渡过难关，创造奇迹。举例而言，非洲或墨西哥某村庄的一个孩子获得了上大学的机会，通常来说，整个村庄的村民会聚在一起，各自拿出自己的所有，供这个孩子上大学。又如，如果一个人能够有机会去美国或欧洲参加会议，村民们也都会倾囊相助。我还记得，一个来自尼日利亚某村庄的十几岁男孩，在全村300多人的资助下，参加了在德国举行的战胜饥饿项目大会。他抵达会场后，为我念了所有资助人的名字。

我所提到的这些人，并非拥有巨额财产之人，不过他们小有积蓄，从而能够有机会资助身边的人。此外，人们也通过宗教或灵性团体进行私人捐助，透过积少成多的小量金额来表达对他人的爱与支持。

一想到慈善事业，人们常常将这个词与富人联系起来。然而，我认为所有慷慨、友善与分享的行为都是慈善事业的一部分，我们所有人都有能力参与其中，在任何时间都可以。

对慈善事业的另一个错误印象是：拥有资源的人资助没有资源的人。事实上，这样并不会取得真正的成功。真正起作用的方式是，每个人都给出自己拥有的一部分资产或资源，共同实现一个愿景。有些资源是金钱，有些是付出的劳动，还有一些是对心中愿景的坚信与热忱。无论大家所做的是何种形式的贡献，他们都是平等的参与者。如果我们不再认为金钱重于一切，就会看到，每个人都在贡献自己拥有的资源，大家团结在一起，为共同的愿景献出自己的一臂之力。这才是真正健康的慈善事业，这种情况下，人们不再夸大金钱的价值，金钱只是一种参与慈善活动的方式，是一部分人能够拿出来与大家分享的东西。

有一次，我为了战胜饥饿项目来到埃塞俄比亚，与几位女性一起去一个叫作拉利贝拉的村庄。村中几位年长的妇女邀请我们去那里讨论她们构想的一个项目。这个地区生活艰苦，环境恶劣，大多数人都不会去那里筹建企业。大多数人也会称她们为"老年妇女"，称她们为"穷人"。然而，当我们16个人一起围坐在坚硬的土地上时，我们是16位决心一起工作、实现某一愿景的女性。我们中的一些人来自美国这个富裕社会，而且也将会回到美国；另一些人则出生在这片贫瘠的土地上，并将继续在这里生活，直至辞世的那一刻。

这些埃塞俄比亚女性比我们年长许多，大约60到70岁的样子，其中一些人是寡妇，几乎没有什么谋生的工具。她们的梦想是营建一间路边的小茶馆，就在许多农民去拉利贝拉的市场贩卖产品的必经之路上。这间茶馆对于那些疲惫的农民与其他路过的旅者而言，可谓是荒漠甘泉；而对于那些妇女来说，则是谋生的手段，使她们能够继续生活下去。她们很想工作，但身单体弱，不能再从事农耕，也无力徒步去市场贩卖产品，因此必须想出一个新主意，使她们无须跋涉，只在一个固定的地点工作。

筹建茶馆的梦想相当简单，她们也已经开始行动，用枯树与拾到的树枝建造了一间圆顶房屋。她们运用当地的资源成功地建起了小茶馆，不过她们缺少茶杯、茶碟与水壶等器具，没有这些东西，她们的小屋只能算是小憩的场所，而不能称为茶馆。因此，我们这些来自美国的女性购买了这些器具，捐献给她们。此外，我们还建起了一个小型基金，以确保能够长期地为她们提供所需的器具。一位年轻的妇女定期将这些器具从距离最近的城市带给她们，她是一位发展工作者（development worker），很愿意为她们担任采购工作，以保证茶馆器具的供应。她提供了自己的青春活力与充沛体力，我们则提供了经济援助——我们很乐意这样做，成为这些妇女的创业合作伙伴。这是一次完美的合作。还记得那时候我想，我们

充裕：三个真相

几位妇女，每个人都为一幅更大的画面贡献出自己的一份力量，以实现某一非凡、重要的创举，这一经历是如此的美丽，如此的充满喜悦。我们并没有简单地捐钱给这些"贫困的老妇人"，而是与她们合作，为她们以及所有经由这条路前往市场的人谋福，并服务于我们渴望创造不同的梦想。

在充裕的境界中，慈善与服务展现了人与人之间的连接。负责任的慈善事业使得人们能够投资财富，这种财富指的并不仅仅是金钱，还有他们意愿的能量。他们致力于我们所有人的未来，无论是改善当地学校的设施、废除核武器还是帮助印度尼西亚妇女，都如此。将金钱之流导向最高承诺时，人们遵从灵魂的愿望去投资，拥抱与彰显"充裕"。我将其称为"真正的"投资，这其中没有接受者。这是我们作为人类大家庭的一员，运用自己所拥有的资源——无论这是什么资源——进行合作的一个机会。在这种情况下，投资者会体验到他们拥有足够的资源，而且他们具有与他人分享的资格、愿望与能力。

他们与更新学校设施的人合作，与保护热带雨林的人合作，与活跃在印度尼西亚农村、致力于提高当地农民识字、耕作或教育水平的人合作。这种合作以平等的伙伴关系为基础，为参与者共同的愿景服务。每个人都在分享他们拥有的财富，在生活与工作中体验充裕、满足和丰盛。

人类必须张开双手，接受、给予与碰触另一双手；人类也必须敞开心灵，接受、给予并碰触另一颗心。这种开放与互动以及敞开的手与心不仅将我们与他人连接在一起，也将我们与内在的充实与充裕连接在一起。

合作创造丰盛

费思·斯特朗：连接缔造亲情

费思·斯特朗六十多岁时决定，要借助慈善事业将自己继承的财产——只对自己有利的家族遗产——转化成投资，资助一些全球性机构来改善健康状况、促进社会公平，尤其是帮助那些在男性起主宰作用的社会中备受压制的女性。在资助并为战胜饥饿项目工作的过程中，费思越来越希望能够帮助那些在充满挑战的环境中生活的女性成为自立自主之人。费思去塞内加尔会见她的西非合作者时，在一个村庄举办的庆典仪式上，与八位塞内加尔女性建立了深厚的友情与密切的合作关系。这八位妇女想要为本村以及五个邻村开办一个小额贷款项目。

几位女性为这一合作关系带来的资源各不相同。一位女性是这个小团队天生的领袖；另一位精于财会与数字列表；第三位善于沟通与激励他人，人们总想追随她的步伐前行；第四位通晓如何在恶劣的环境中储藏食物；第五位有饲养家禽的天赋；费思的强项则是提供经济资源。如此这般，包括费思在内的九位女性带着共同的愿景——为六个村庄的所有妇女提供小额贷款——走在了一起。这一贷款项目能够帮助她们开创食品储藏与家禽饲养事业，从而挣钱养家，并为提高当地人的生活水平做出一份贡献。

就像我们这几个参与茶馆项目的人一样，费思提供了自己拥有的资源，其他人也都贡献出自己的所有，一起投资在一个共同的愿景上。每个人都因此获得了力量，没有一个人是"接受者"。每位女性的天赋都得到了尊重，这就是金钱在负责任的慈善事业中所扮演的角色。

充裕：三个真相

慈善事业并不专属于那些感觉自己很高尚、心怀愧疚或因拥有的财富远超过自己所需而内心不安的有钱人，也不专属于那些借由牺牲与慈善行为来证明自己是正义的人。我们的世界比这要进步得多，现在，我们拥有摒弃传统观念上的慈善事业、创造全新伙伴关系的机会。在这一新关系中，人们借由在知识、所付出的劳动以及现金资源等方面的团结与合作来实现共同的愿景。这种合作关系已经存在于某些组织机构中，比如战胜饥饿项目、和平队（美国政府成立的一家志愿服务组织。——译者注）、救助儿童会（为儿童权利奋斗的独立的国际慈善组织。——译者注）、计划生育联合会（美国一家提供有关性与生殖健康的医疗服务的机构。——译者注）、仁人家园（致力于消除社会上贫困居住环境的国际组织。——译者注）、卡塔力斯南北合作协会（致力于支持微型企业、促进可持续性农业与资助低收入人士的组织。——译者注）、格莱珉银行、帕恰玛玛联盟等，并体现在世界各地的社区、项目与活动中，来自不同环境的人们带着各自的资源共同寻找解决问题的方法。这是一种全新的慈善事业：在合作中贡献与服务。在这种情况下，所有的问题都会迎刃而解，奇迹之花处处绽放。

孟加拉国：金钱、灵魂与复苏的国度

神奇七杰的故事展示了合作的力量：一个组织机构提供愿景、领导者工作坊以及相应的培训，从而唤起当地领导者或积极分子内心的力量。简而言之，这些工作坊将人们带到一起，共同观想一个自力更生、自给自足的孟加拉国，一个能够为世界大家庭贡献自己一份力量的孟加拉国，一个不再需要救济的国家，一个人民贡献出自己的智慧、勇气、技能和精力的国家，一个拥有自己的产业与创造力的国家，一个拥有自己的文学与艺术的国家，一个能够在联合国自豪地与其他成员国平起平坐的国家。

在过去的20年中，孟加拉人民建立了关于祖国未来的美好愿景，并承诺运用自己的内在资源使梦想成真。他们还得到了许多国际性组织的帮助——持续提供的资源与合作关系，结果是，孟加拉国的情况得到了大幅度的改善。

在相对短暂的时间里，孟加拉发生了翻天覆地的变化。以前孟加拉妇女一般育有八到十个孩子，如今她们大多有三四个孩子。人们的平均收入翻番。活跃在孟加拉的一些非政府机构与独立的经济发展组织也成为世界上最有效的基层组织，他们在减缓贫困、终止饥饿等方面做出了重要的贡献。

现在，人们的日常谈话中多了诗歌这一话题，在孟加拉国，多产的诗人比比皆是，他们的诗歌更是民族自豪感的源泉。在咖啡馆和集会场所中，常有人为大家朗诵诗歌，而且，越来越多的孟加拉诗歌被翻译成其他语言。此外，世界各地都有孟加拉出产的纺织品与服装。

孟加拉的转变依然在进行，孟加拉人民依然面临着艰巨的挑战，不过他们已经取得了极其显著的进步。许多孟加拉人重新认识到自给自足的能力，并能够在合作关系中将自己看作平等的合作伙伴，而不是被援助的贫民。他们认识到，自己才是自己未来的创造者。他们与拥有其他资源的人平等合作，共同创造未来。他们有意识地做出了选择，不再像以前那样努力争取更多的援助，而是转而将自己的能量用于认知自身的能力，更充分、更有效地运用既有资源。在与国际伙伴合作的过程中，他们也承担起自己那一部分责任，扮演领导者的角色。

充裕：三个真相

1991年，我参加了在孟加拉举行的一次会议，会议期间，孟加拉总理发表了一席讲话，他的话非常鼓舞人心，无论是在街谈巷议还是在权力会议中，都常常被提及。他自豪地谈到孟加拉人民："我们所拥有的，并不是1.2亿张嗷嗷待哺的嘴，而是2.4亿只乐于工作的手，是2.4亿只准备用全新目光看待世界的眼睛，是2.4亿只乐于互相聆听的耳朵。"

看着自己的国家，并认识到她的美丽，孟加拉总理说："我们是诗人，是织布工，是音乐家，是知识分子。我们能够治理灾难，治理一次次的洪灾。我们拥有世界上最具创造力、最坚韧不拔的人民，我们不需要慈善捐助，我们需要的是合作关系。"

借由成千上万个组织间的合作关系，以及数百万个人之间的合作关系，孟加拉国正在彰显与增强自身的力量，提高生活水平，并成为世界大舞台上一个有自己独特贡献的成员。

鹰与鹫的预言

与阿丘雅土著居民合作的过程中，他们告诉我们说，我们与他们的联盟正应验了当地一个关于生存与合作的古老预言——鹰与鹫的预言。几千年来，整个南美大陆的萨满与长老们都曾对族人讲过，在第五个帕恰库蒂（Pachakuti，每个帕恰库蒂为五百年）初期，也就是我们现在所处的这一时期，分离已久的"鹰之民"与"鹫之民"将重聚在一起。

预言说，最初，地球上所有的居民是一个整体。然而，很久以前，地球上的人分道扬镳，分别走上两条截然不同的路。"鹰之民"崇尚科学与理智，"鹫之民"则尊崇自然与直觉。

预言接下来说，就在我们这个时代——漫漫历史长河的这一时间点，崇尚智力与心智，拥有极高的审美与认知水平的"鹰之民"在科学知识与技术、工具开发、艺术表达以及建造技术等方面都将进入全盛时期。"鹰之民"甚至会开发出扩展心智的工具与技术，他们无论是在深度还是在广度上都会创造出科技奇迹。"鹰之民"所拥有的成就与技术将为"鹰之世界"的领导者带来巨大的物质财富。与此同时，他们在精神上却是一贫如洗，沦落到不可救药的地步，甚至他们的生存都会受到威胁。

　　与此同时，注重心灵、精神与感受，与自然界有着深度连接的"鹫之民"将在直觉力的开发上取得辉煌的成就。他们（土著居民）在深奥的古老智慧、对大自然以及地球之大循环周期的理解与关注、与伟大神灵及动植物王国的连接、自如穿梭于众多精神次元的能力等方面，都将进入顶峰时期。与此同时，他们却极度缺乏使他们能够在物质世界中获得成功的知识，在与"鹰之民"的物质世界打交道的过程中处于劣势，因此，他们的生存也受到了威胁。

　　显而易见，我们的西方文化代表"鹰之民"，土著居民则代表着"鹫之民"。

　　预言说，就在这一时期，"鹰之民"与"鹫之民"将会重新团聚，并回忆起他们本就是一体的。他们将会重新建立连接，忆起他们共同的源头，分享知识与智慧，并拯救彼此。鹰与鹫将共舞，一起在蔚蓝的天空中展翅翱翔。而这个世界也会在濒临灭绝的边缘时刻，脱离困境，重获平衡。没有这一合作，鹰与鹫都无法继续生存下去。因为它们的再次结合，新的意识将会诞生。在这一新的意识次元中，"鹰之民"在心智上的显著成就与"鹫之民"在心灵层面上的深奥智慧都会获得尊重。他们团结在一起，而且只有在他们团结在一起的情况下，才会消除灾难，为所有人创造一个美丽、长久

充裕：三个真相

的未来。

在与阿丘雅人并肩工作的过程中，我清楚地看到了"合作"那十足的魔力。我的丈夫比尔，作为当代社会的商人，已经更清晰、更深刻、更广阔地认识到自己所拥有的天赋，他将自己合一、互惠的品质以及心灵智慧与土著居民的生活方式结合起来。我也看到，当我将阿丘雅人的古老智慧及其对自然界的理解纳入自己的心灵与灵魂之后，我也逐渐变得更加坚强。我们欣慰地看到，阿丘雅人正在走上现代社会舞台，扮演显要、博学的角色，并不断地学到新的技艺与才能——这是他们在新世界获取成功必不可少的因素；而与此同时，他们也没有忘记保持并加强自己所拥有的直觉力。

与阿丘雅人合作过程中不断增强与深化的丰富体验，以及我多年来与饥饿和贫困、丰盛和富裕亲密接触过程中所积累的经验使我认识到，合作及其支流——互惠、伙伴关系、团结与联盟——都源自于"充裕"之真理。我们拥有所有的资源，现在就拥有的，足够我们使用。我们并不分彼此，我们的资源极其丰富。

"鹰鹫之舞"的预言为我们的当代生活提供了永久的智慧，即使我们生活在科学、技术与物质占据主导地位的"鹰之国度"亦如此。鹰与鹫的故事是我们这一时代的预言，是我们演绎的预言。它提醒我们，合作是人类社会必不可少的一部分，是"充裕真相"的基础环节，是为全人类营造一个繁荣、长久的未来的关键。

合作创造丰盛

金钱本身并没有什么问题，它本身并没有好、坏这一说，金钱本身也不存在有无威力的问题，是我们对金钱的诠释以及与金钱的互动关系捣的鬼，然而，这同时也为我们提供了自我发现与个人转变的机遇。

第四部分

改变梦想

第八章
改变梦想

我们梦想过它，因此它实现了。我深信，我们思考、感受的每一件事都只不过是观念而已，这些观念塑造了我们的生活——个人与集体生活。如果我们想要改变，就必须先改变自己的观念。只要我们将能量赋予一个不同的梦想，这个世界就会因此改变。为了创造一个新的世界，我们必须首先创造一个新的梦想。

——约翰·珀金斯，《世界一如你的梦想》

1995年起，比尔和我全身心地投入到与厄瓜多尔阿丘雅人的合作，他们拥有依然完好无缺、丰盛、健康而且极富智慧的远古土著文化，我们从未想到有一天竟然能够近距离接触到这一神圣的文化。然而，一个梦与一位朋友使我们与阿丘雅人走到了一起。

1994年，我与约翰·珀金斯一起去危地马拉。约翰是作家、环保积极分子，也是我的朋友。他与南美的萨满合作已有30年之久。

后来，我们首次访问厄瓜多尔时也是与约翰为伴，他带我们进入亚马孙雨林，将我们介绍给若干关键人物——我们建立帕恰玛玛联盟时就与他们一起合作，不过，更准确地说，其实是这些阿丘雅人积极主动地"找到了"我们。

我与约翰去危地马拉是大约10年前的事了。我们一起带着一些赞助者与活动家去拜访生活在托托尼卡潘丘陵地区的玛雅土著居民。旅途中，我们中的几个人有机会去参加当地一位受人尊崇的萨满主持的梦与愿景仪式。在日程安排中插入这一站，对我们来说，是一个难得的机遇。因为历史的原因，土著首领们对我们这样的白人都心存警惕，萨满一般不会接见我们。不过，约翰与他们之间的信任与友谊已经历时三十载之久，他成功地安排了我们与那位萨满的会面。

那天晚上，我们聚集在萨满准备为我们举行仪式的地方。他欢迎我们的到来，然后邀请我们围坐成一圈以进行一次不同寻常的旅行，一次内在之旅，在深度的出神状态下、在萨满创造的"梦之空间"中旅行。在大多数土著文化中，梦是一种强而有力的沟通工具。人们谈论梦，探寻梦的含义，借助梦来做出重要的决定，将梦看作表达、彰显内心渴望与意愿的工具。

这是我第一次参加萨满仪式，我任自己慢慢滑入梦的次元，这是一次不可思议的经历。在梦中，我变成一只巨鸟，真切地感到自己正振翅飞翔在浩瀚的绿色森林上。我低头向下看，一张张面孔从森林中升起，向我飞来。这些都是男人的面孔，脸上画着几何图案，头顶戴着由黄色与红色羽毛编成的羽冠。它们在飞向我、又落回森林的过程中，好像一直在对我说话——用一种我听不懂的语言。这个梦既清晰又真切，美丽又令人难忘。忽然间，一声鼓响将我唤醒。

击鼓的是萨满。当每个人都从"梦"中醒来后，他邀请我们与大家分享在梦中看到、听到的情景。我们一个接一个地讲述了自己的经历，有的进入了"梦乡"，有的则没有。那些进入"梦乡"的人都梦到他们是某种动物——狼或者蝴蝶；另外一些人只是睡着了。有些人看到的画面栩栩如生，有的则略显模糊。我所看到的画面非常真实、清晰，我与大家分享了自己的"梦"。萨满和约翰说，这些视景——尤其是我所看到的画面——可能是某种形式的沟通，不过他们并没有推测沟通来自何处。仪式结束后，我们各自回到自己的住处，我觉得这是一次强烈、奇异的体验，不过并不认为它有什么特别的意义。

危地马拉之行结束后，我回到家，回到了美国，继续战胜饥饿项目的工作。然而，那些"梦中视景"却一次次地返回我的脑海，挥之不去，有时在我的梦中，有时甚至是在我清醒的时刻。从危地马拉返回美国两周后，我去位于西非的加纳参加一个董事会议，那些视景依然在我脑中徘徊。回到家后，它们仍然坚守不去，最后成了我生活中不折不扣的困扰。这些视景虽然美丽，但它们却一直顽固地驻留在我的脑海，不肯离去。

我将这件事告诉约翰，他再次说，从萨满仪式与梦的文化角度来看，这些视景是有重要意义的。听了我对那些面部符号和羽毛头冠的描述，他说，这些可能是生活在厄瓜多尔境内亚马孙流域的舒阿尔人与阿丘雅人所用的装饰。他与舒阿尔族人一起工作了多年，对他们非常熟悉。阿丘雅族则是一个与世隔绝的氏族，与外界几乎没有任何联系。不过，他最近结识的几个阿丘雅人则打算与外界建立沟通。他为我讲述了他在亚马孙雨林深处与几位阿丘雅勇士所进行的令人难忘的对话，这些对话是他们与外界沟通——邀请或呼唤现代社会的人走入他们的生活——的开端。

就像"鹰与鹫的预言"所说的那样，阿丘雅人在他们自己那预示性的梦中看到，与现代社会的接触是不可避免的。无论他们是否愿意，这种情形都会于公元2000年左右发生，而且是以一种颇具威胁性的危险形式发生。因为这一预示性的梦，阿丘雅人决定开始行动，着手进行这件令他们害怕的事情——与现代社会沟通；不过这件事要按照他们自己希望的方式进行——与他们信任的人沟通。他们希望能够对现代社会有所了解，这样，他们才能做好充足的准备，以面对将来可能发生的不友好的接触与联系。为此，他们与自己信任的厄瓜多尔人丹尼尔合作，开始在自己的领地里建造小屋，供来自现代社会的人——"鹰之民"——居住，近距离地了解他们——"鹫之民"——和他们世代生活的原始热带雨林。

　　如此这般，丹尼尔——他也是约翰多年的朋友与合作者——找到约翰，约翰又找到我，为我们安排了这次会面，我们这些来自西方世界的人与几位阿丘雅首领之间的会面。那时，我正忙于战胜饥饿项目的工作，频频造访非洲撒哈拉沙漠、印度与孟加拉国，忙于募捐资金，与亚洲、澳洲、欧洲以及美国各地的工作人员及志愿者并肩工作，真是忙得不可开交。我从未去过南美，不过对热带雨林所遭到的破坏及其所面临的危机却有所了解。得知一些人正致力于保护热带雨林的工作，我感到很欣慰。不过我自己已经是应接不暇，没有多余的精力去参加这项工作了。

　　然而，当远在亚马孙雨林深处的土著居民向我发出这一邀请——其实是呼唤——时，我却感到自己根本无法拒绝这一呼唤。于是约翰和我一起组织了12个来自现代社会的人，与阿丘雅族的首领会面。他们这些参与亚马孙雨林之行的人正直真诚、品质优秀，拥有一颗颗开放的心；每个人都在其关注的领域中具有相当的影响力，对"热带雨林在所有生命的可持续性发展上所扮演的重要角色"也有一定程度的了解。这是一些谦卑之人，对土著智慧持开放的态度，尊重萨满及阿丘雅人的生活方式。

在约翰和丹尼尔的带领下，我们来到厄瓜多尔，从首都基多出发，穿过火山山谷，沿着安第斯山的东麓疾驰而下，经过帕斯塔萨河峡谷，来到辽阔无际的亚马孙盆地的边缘。它一直向东延伸，横贯整个大陆。我们先乘坐一架军用飞机前往雨林，飞机降落在雨林中一条满是泥泞的跑道上。然后，我们又换乘一架更小的飞机，飞向雨林深处，飞往阿丘雅部落的领地。最后，飞机降落在一条同样泥泞的狭窄跑道上，这是它能够将我们带到的距离文明社会最远的地方。

在阿丘雅人的领地上，我们与阿丘雅族的几位首领会面，这次会面彻底改变了我的人生。这片热带雨林的主旋律就是丰盛，美丽无处不在，一片生机盎然。阿丘雅人脸上画有图案，戴着红色与黄色羽毛编成的头冠，就像我"梦中"见到的一样。他们看上去好像是来自另一个时代，不过，他们的行事作风同样老练，进化程度并不逊色于我们。

他们请我们帮助他们了解现代社会的行为方式，这样，他们在视景中看到的威胁到来时，他们就可以做好准备，有能力面对。此外，他们还请我们帮助他们组织与加强他们的管理联盟，希望我们能够支持与协助他们在雨林边缘一个叫作普约的城镇筹建办公室。其他的亚马孙土著联盟也在那里设立了总部，以便能够与外面的世界互动。我们答应与他们合作，共同筹建办公室。比尔和我负责外联工作。与其他参与者一起，我们共同筹集了足够阿丘雅族普约办公室运作两年的资金。接下来的7年里，与阿丘雅族的关系成了我们人生中很重要的一部分。尽管我那时全身心地投入战胜饥饿项目的工作，并认为自己一辈子都会如此，但与阿丘雅人的合作明显地干

改变梦想

扰、打乱了我的计划——我应该遵行的计划。阿丘雅人本不在我的计划之中，但却是我的使命之一。

那时，比尔全心全意地投身于他的事业，这一不期而至的"人生突变"最初也使他震惊，不过他也接纳了这一改变，因为他知道，这也是他的使命之一。与阿丘雅的相遇拉开了帕恰玛玛联盟的序幕。帕恰玛玛在克丘亚语——安第斯山原住民的一种语言——中是"大地母亲"或"宇宙母亲"的意思，亚马孙流域不同部族的居民基本都懂得这个词的含义。随着时间的推移，帕恰玛玛联盟不断扩展壮大，如今已经涵盖了阿丘雅族周围的许多其他土著民族，并成为我们生活的中心。

阿丘雅族拥有古老的梦文化。"梦"占据着他们认知世界、获得智慧与信息的中心地位，也因此，他们以非常认真的态度对待自己的梦，将梦看作决定他们存在方式的一个至关重要的组成部分。我很少关注自己的梦，也不太记得自己都做过什么梦。然而，那次特殊的经历，我首次经历的那个真切的"梦"对我产生了深重的影响。随着事情的展开，我清楚地认识到，梦是我人生之路的一个重要组成部分，我应该关注自己的梦。

允许阿丘雅族非比寻常的梦文化渗入我们的生活，这一决定创造了意识的"合金"以及成功的合作关系——与亚马孙流域的阿丘雅族和他们周围的部族合作。作为合作伙伴，我们共同寻找通往持续性发展的突破口。我们所梦想的未来、正在成为现实的未来是，这些原始的生态系统能够得到保护，作为热带雨林守护者的土著居民能够因其智慧与愿景而受到尊重。我们与这些土著部族以及其他组织机构一起，致力于将曾经的"威胁"变成机遇，运用土著居民那远古的智慧与清晰的视景来帮助我们发现一条崭新的道途，带我们走向能够持续性发展的世界。

我们的文化并不重视梦，也没有教我们要关注并尊重梦。然而，我想起了马丁·路德·金以"我有一个梦想"为题的演说。其实，即使在美国，梦的力量也可以改变最根深蒂固的现实。梦想是改变的催化剂，这种催化作用首先发生在做梦者身上，然后，一次又一次地发生在与其分享梦想的人身上。

约翰·珀金斯成立了一个名为"改变梦想联盟"的组织。约翰与亚马孙的土著居民已经合作多年，他们一次次地告诉他，他的使命就是改变现代社会。约翰和一些土著萨满与长老共同修习了很多年，他们教导说："这个世界一如你的梦想"。他们说，我们在现代社会所拥有的梦想是"获取更多"：更多的工厂、更多的公司、更多的高速公路、更多的房屋、更多的金钱、更多的建筑物、更多的汽车、更多的……所有东西都是越多越好，多多益善。这些睿智的长老与萨满指出，这一梦想正在变成噩梦，在地球上漫延，并终将导致大灾难。

在与厄瓜多尔的阿丘雅人以及其他与我们合作的土著居民互动的过程中，我们也得到了同样的讯息："改变梦想"。他们说，我们根本不可能仅仅改变自己的日常行动，因为这些行动的根源是我们对未来的梦想，我们的行动总是与这些梦想相一致。然而，梦想本身是可以被改变的，可以在一代人的时间里得到改变，现在正是我们致力于"改变梦想"的时刻。

我曾经认真地审视我们的梦想及其源头，并认识到，我们必须重新梦想，学着质疑"多多益善"这一社会文化之梦，并开始创造一个敬畏、尊重与肯定生命的梦想与未来。"改变梦想"意味着以完全不同的目光看待这个世界，就像土著居民那样。在他们眼中，这个世界是一个充裕、睿智、神秘、充满灵性、能够应答、富于创造性的世界，它持续不断地创造与再生，维持着各种资源的和谐与互动——在伟大、神秘的生命承载下互动。土著文化将人类看作伟大神秘生命的一部分，每个人都拥有无限的创造、合作与贡献的能力。

从历史的角度看，我们眼中的世界似乎是一个资源确定且有限的世界，这些资源的消耗速度极快，因此我们必须不择手段、不惜一切代价地竞争，才能够生存或者成为胜者。因为这种观念或理解，因为这一"幻梦"，我们的世界中能够成为胜者的人越来越少。我们尽最大的努力来淘汰自己的竞争者；我们侵蚀了自己真正的财富——创造力与独创性，侵蚀了所有生命的内在财富。

很明显，我们对这个世界机械、唯物的看法是不准确、不完整的。科学家与哲学家们已经认识到，人们对物质实相的客观看法是不完整的——主观实相是一个动态的、不可预测的、富于创造性且时刻变化的神秘过程。

土著人民在这样的世界中生活、呼吸，并积极地参与到这个世界中，他们的梦想也源自于这一动态的现实经历。在邀请我们"改变梦想"的过程中，他们或许会要求我们从正在驱使我们的梦中醒来。这个梦其实是一个危险的出神状态，它就像"自动导航"一样引导着我们：面对有限与定量的资源，我们必须获取更多，积累更多。这个梦认为所有的增长都是好事，无论人类或环境付出了多么大的代价。土著居民或许会要求我们看一看我们的梦——或者说出神状态——对我们自己以及我们的世界造成了什么样的影响，对植物、动物、天空、水源以及我们彼此造成了什么样的影响。

也许，他们会邀请或者恳请我们重新看到，我们所需要的一切就在那里，而且一直在那里。正如甘地所说："世界上的资源足以满足人类的需要，但却不足以满足人类的贪婪。"

我并不想将阿丘雅或土著文化理想化。阿丘雅人拥有源远流长的历史，我们响应呼唤与他们相会时，他们已经颇具盛名，被公认为技艺精纯的勇士。在他们的文化中，他们为荣誉——而非财产——而战。不过，不可否认的是，因为他们那令人胆战心惊的好斗名声，周围的土著居民总与他们保持着一定的距离。

或许是天意使然，那古老的预言最终促使他们走出来，在现代社会中寻求合作，以拯救他们世代居住的热带雨林。实际上，他们获得了一个崭新的机会：通过与金钱的关系、通过合作——而不是隔绝——来体验充裕。这个基于充裕原则的机会邀请他们扮演新的角色：成为领导者——而不是战斗者——并在保护热带雨林这一全球性运动中起到至关重要的作用。阿丘雅人与我们分享这一古老的预言并邀请我们改变梦想，然而很明显，他们透过这一崭新而荣耀的古老预言也有效地改变了他们自己的梦想。他们现在所关注的是，运用他们正在发展的与金钱的关系，来实现自己最高的承诺，成为热带雨林那经验丰富、责任心强的守护者，并在创建一个能够持续发展的全球性社会的过程中，担当领导者的角色。

正如巴克敏斯特·富勒所说："每个人都拥有为社会做贡献的完美天赋，如果每个人都能够自由地做出自己独特的贡献，这个世界就会充满和谐。"亦如土著人民那关于"合作以求生存"的古老预言所说，我们必须重新忆起彼此，重新联合在一起，建立合作关系，分享彼此所拥有的天赋，如此这般，这个世界自然就会恢复平衡。我们中没有人希望自己的孩子或者孩子的孩子生活在一个"你或我的世界"，并在这个世界中挣扎奋斗以求生存。我们都希望自己的后代能够自由地生活，自由地彰显自我，拥有和谐与合作的关系，尊重生命以及大家共享的资源。我们所有人都希望能够拥有一个"你和我的世界"。

只要我们有勇气放下现在的梦想，放下这一促使我们"不断积累、追求更多"的梦幻、驱动力与出神状态，就会获得创造新梦想的空间。在这个新梦想中，我们尊重、保护既有的资源并以之为荣耀。在这个充满滋育的空间，在这个与生命建立全新关系的愿景中，和谐与创造力无处不在。

下面几章中，我们将讨论如何从"充裕"的角度重新看待我们周围的世界，以及如何运用金钱将金钱作为爱的载体与实现承诺的渠道来重新梦想、重新创造我们的世界。此外，我们还将探讨的是，以"充裕原则"为出发点的生活又是何等的美丽与不同。

第九章
表明立场

给人们一个中心点，他们便能够站稳。

——马努·伊里扎德二世，菲律宾帕玛民基金会(致力于保护少数民族利益的非营利机构。——译者注)

两千多年前，数学家阿基米德曾经说过："给我一个支点，我就能撬动地球。"我想说的是，只要我们表明立场，就能够撼动整个世界——这个充斥着各种观念且受观念左右的世界。"表明立场"是一种生活与存在的方式，你于内心深处，那个真正的你，明确地表明自己的立场。"表明立场"使你更加真实、更加明确、更加有力量。你在宇宙中找到了属于自己的一片立足之地，并拥有改变这个世界的能力。

金钱与我们生活中的各个面向都紧密地缠绕在一起，当我们决心要创造不同时，我们与金钱的关系也会因此而改变；而当我们决心要运用金钱来创造不同时，我们生活中所有其他的面向也会随之发生变化。

在我们这种颇具攻击性的消费者文化中，每个人以及每件事物的经济价值是人们的中心主题，选择不同的立场需要相当的勇气。社会的盛行风气并不支持经济价值以外的价值观，不支持我们去理解与体察"充裕感"的美丽，看到这个世界的充裕与完整并认知既有资源的价值。我们需要有意识地付出努力才能选择诸如此类的立场，然而，一旦我们选定了这一立场，就会以全新的方式看待事物，以全新的方式生活，并由此在与金钱的关系上、在生活中获得令人惊喜的自由与力量。

打破沉默：从达尔马布里到好莱坞

1986年，在短短的48小时之内，我所处的场景从印度偏远山村中令人震惊与痛心的会谈快速切换成贝弗利山庄的奢侈晚宴。这使我认识到，在颇具破坏性的传统金钱文化的钳制下，人们是多么的无力；而打破这一桎梏又需要多么大的勇气，无论你是谁，又身在何处。此外，我还深深地认识到"表明立场"赋予一个人的力量。

在印度南部的泰米尔纳德邦，因为战胜饥饿项目的工作，我和几位同事一起来到达尔马布里的一个村庄，与那里的妇女面谈。达尔马布里是印度最贫困的地区之一。我们在一个小树林里汇合，在那里，我们得知了一个可怕的秘密，以及那些妇女们所承受的负担——悲伤、耻辱与愧疚。在这个地区，杀死刚刚出生的女婴是普遍的行为。而且，女性在她们的社会中几乎没有任何价值，她们过着饱受奴役的悲惨生活。雪上加霜的是，生下女孩会为家庭带来沉重的经济负担，亦即，女孩将来出嫁时必须准备高额的嫁妆，这常常使得本不富裕的家庭陷入破产的境地。

因此，身怀有孕的妇女及其丈夫都祈求上天，希望能够生个男孩。生下女孩的妇女常常惨遭痛打，女婴则被杀死。很多时候，女婴刚刚来到这个世间，便被自己的母亲亲手活生生地闷死。如果一个女人生了女婴，她的丈夫会以她为耻。不仅如此，这些女性自己也相信，女人的生活是如此悲惨，让女婴活下去是残酷之举，而立刻结束她的生命则显得更仁慈一些。人们并不公开谈论杀死女婴的行为，不过村里的男人与大部分女人都接纳、默许这一行为。

那天一共有16位女性来树林里与我以及我的4位同事会面。她们中的每一个人都至少亲手杀死过一个女儿，也都曾帮助过其他女性这样做。在这次私密的会面中，这些女性首次与他人谈论杀死刚刚呱呱坠地的亲生女儿的可怕经历。她们极度渴望能够疗愈这一创伤，并希望能够将其他母亲与婴儿从这一可怕的境况中解救出来。在这片树林中，在我们这些来自世界另一端的女性的陪伴下，她们打破了长久保持的沉默。现在，她们可以公开地为自己亲手杀死的婴儿表示悲伤，她们痛哭流涕，泪如决堤。我们啜泣着拥抱在一起。目睹她们的悲痛实在令人难以承受。

然后，她们流着泪告诉我们，她们打算团结起来，重建生命的价值，重建女性的价值。她们做出承诺，要停止可怕的杀婴行为，并鼓起勇气来帮助其他妇女也停止这种行为。她们看到，取走一个女儿的生命，其代价远高于将来需要置办的嫁妆，而且，这一行为不仅夺走了她们女儿的生命，也同时夺走了她们自己的生命。

她们立下保证，就在那一天，那一时刻，她们坚决划定界限，结束这一怪圈。她们将试着原谅自己，祈求上天的原谅，祈求死去女儿灵魂的原谅，并决心从此不再帮助其他女性杀死新生的婴儿。此外，如果她们听到有人要杀婴，就会尽一切努力去劝阻有此打算的女性。

她们的坦白使我目瞪口呆,我为她们的悲伤而心碎,为她们的勇气而感动。她们这一代妇女将打破这一地区的沉默,并坚决维护她们自身的价值以及她们女儿的价值。她们这一代妇女将会终止这一杀婴的可怕传统。

她们接下来的一席话对我产生了深重的影响——尽管几天后我才意识到这一点。她们说,没有我们这些"外界的耳朵与眼睛",她们绝对不敢迈出这勇敢的一步。她们想把这一切都说出来已经有相当长一段时间了,不过,在她们自己的文化环境中,她们只是感到深度的绝望与无助。因为这一文化希望女婴消失,希望女性保持沉默。现在,她们坚定地做出了选择,我们的见证使得她们无法再走回头路。她们承诺要挑战那极具破坏性的嫁妆习俗,这一传统使得女性从出生的那一刻起就负债在身。她们发誓要迈出最艰难的一步——与男人们讨论这件事。

与这些女性坐在一起,并完全沉浸在她们的故事中,我开始明白这些杀婴行为是如何逐渐获得容忍甚至被人接纳的。其实,她们在灵魂深处知道这是错误的行为,现在她们也看到了嫁妆习俗如何扭曲了她们对生命价值的认知。将这一从未受过质疑的传统习俗置于聚光灯下,进行有意识的检视与反思,她们踏上了"摆脱嫁妆习俗的桎梏,重获自由"的漫长道路。

几天后,经过了若干小时的亲密谈话,她们问我,在我的文化中是否有什么冲击力极大的事物。纵观我们对于生命之尊严与价值的普遍立场,我回答说,充斥美国媒体的暴力,尤其是电视与电影中的暴力使我沮丧不已。我说,在美国,人们不计一切后果地制作了自己所能想象到的最下流、最没有价值的暴力节目,其目的就是为了赚钱。如今,在纽约及好莱坞少数权贵的操纵下,这些可怕又可憎的画面与讯息已经被出口到全世界各地。或许，真正制作这些暴力节目与画面的还不到1000人，不过驱动这一产业的金钱却有着排山倒海之势，娱乐业对利润的追逐愈演愈烈，整个社会对暴力与破坏性画面的兴趣也日益增长。

她们告诉我，她们理解我所说的话，并支持我在我的国家与文化中公开讨论这一现象。她们看着我的双眼，让我记住，当我公开说出自己的看法时，她们就站在我的身边，支持我。

到家后才几个小时，我的承诺就受到了考验。我急匆匆地赶回来是为了参加在贝弗利山庄一座豪宅中举行的晚宴。晚宴上，我的邻座是一位才华横溢的著名导演，他导演了一系列优秀的电影。巧的是，就在我去印度之前，我看到了他最新作品的预告片。这真是太可怕了。这是一部骇人听闻的暴力电影，与那些为他赢得名望的影片相比，质量上有着天壤之别。我们先聊了一会儿各自参与的项目，然后，我终于忍不住向他提出那个一直在我脑中纠缠不休的问题。这部电影与他以前的作品是如此不同，又与他的导演形象如此不相称，为什么他要拍摄这部影片呢？

他说，理由很简单，因为这钱好赚。他并不以这部电影为傲，不过拍摄这部影片能为他带来令人难以想象的巨额金钱，而他只需投入一点点的时间与才赋，这笔交易实在是难以拒绝。我并不是说这种理念是有罪的，这甚至不会令任何人惊讶，尤其是在好莱坞这种文化背景中。事实上，在好莱坞文化中，这再平常不过，家常便饭而已。在电影业，是否负责任、是否有辱人格、是否丧失尊严以及所传播的讯息又会为世界带来何种影响，诸如此类的问题并不在人们谈论的话题之内。金钱在这一行业占据了如此重要的地位，它为所有人提供任何所能想到的借口，使他们为所欲为——包括那些与其正义感相冲突的决定与行为。

我依然想着48小时前我刚刚挥手道别的那些印度妇女，也想着她们对我说的话：我们的谈话——我这"外界的耳朵与眼睛"——帮助她们与自己的良心和勇气重建了连接，帮助她们开始认知自己内在最深处的价值，并将其彰显在自己的生活中。现在，回到美国，在这优雅的宴会中，在关于为了赚钱而拍摄劣质电影的谈话中，我清楚地看到我们自己的金钱文化又是如何蒙蔽我们的良心的。

人们很容易客观地看到其他文化的荒唐之处。客观地看待自己的文化，比如金钱文化以及围绕金钱的各种行为，就不是那么容易的了。我们置身于这种文化，受其禁锢，与那些印度妇女没有任何区别。在她们所处的环境与境况中，人们并不认为杀死自己的新生婴儿是疯狂的举动。她们的行为完全符合将自己包围起来的文化信仰，就像这位导演，他的所作所为也与包围他的文化信仰相一致。作为一位电影界的杰出人士，他利用短短的几个星期拍摄了一部充斥着暴力的垃圾电影，赚得几百万美元。

我们继续闲聊，我为他讲述了那些印度妇女的故事，试着帮他看到他们之间的相似性。我告诉他自己的承诺：质疑我们金钱文化中那些未经检验的假定与态度——它们会导致我们采取各种贬低生命的行为，并邀请他也这样做。我们进行了一次深刻的谈话，而这仅仅才是一个开端。

我无法知道这次谈话对他意味着什么，不过，对我来说，就在那一刻，我忽然看到了一点，看到人们关于我们那有毒的金钱文化所保持的绝对沉默，我为此深感痛心。我心里很清楚，我必须首先打破这一沉默，才能摆脱这一文化对我或许还有他人的桎梏。

打破沉默，表明立场

金钱文化那无声的力量对我们所有人来说都是相同的。它是我们生活中最盲目、最难以驾驭的一部分。我们不断地委屈自己、伤害自己，有时还硬生生地吞下自己的意见，并将自己诸如此类的行为合理化，甚至将其描述成明智之举。我们抱怨，却不质疑。我们牢骚满腹、怨气冲天，却不（敢）反对与拒绝。我们感觉自己备受禁锢，心中郁闷，却很少采取有可能解放自己的措施。

达尔马布里的印度妇女面临着一场艰苦卓绝的斗争，她们要阻止杀婴行为，挑战并废除嫁妆习俗。她们的行动自然会遭到其他妇女的嘲笑以及村中男人的不满，她们这样做需要非比寻常的勇气。然而，她们对自己初生女儿的生命所采取的立场，也是她们对自己所采取的立场；她们对自己所采取的立场，也是对生命之神圣、对人类之尊严所采取的立场。

我在募捐工作中，以及在其他领域与缺乏金钱或资源的人合作的过程中，一次次地看到，一个真实可信的立场——深植于充裕真相的立场——总是值得信赖的，它总是能够肯定生命并唤起共鸣。而且，也许你觉得匪夷所思，它也总是能够成功的。如果我们选择了能够彰显灵魂使命的立场，内心的勇气就会使我们的立场变得更加坚定。一个立场坚定的人会从"拥有某个观点"转化成"具备探索、认知的能力或洞察力"。一旦我们明确了立场，就会拥有更深邃、更广阔的视角。

在达尔马布里，那些女性所采取的立场使得她们能够看清问题，说出真相。她们的觉醒会逐渐影响到她们的家人、村庄、地区与国家。一个真实可信的立场也肯定会创造出进行自我实现所需要的一切资源，不仅如此，其创造方式还常常令人惊奇甚至可以说是神秘的。这些妇女明确地表明立场后突然发现，她们的同盟无处不在。

有一对夫妇，他们是印度最著名的男、女影星。他们听说了在这一地区掀起的阻止杀婴的运动，也希望能够为此助一臂之力。他们专门拍摄了一部公益广告。在达尔马布里以及泰米尔纳德邦其他地区的所有影院，每次上映一部电影之前，都会先播放这部公益广告。泰米尔纳德邦共有5500万居民，这部公益广告的影响可谓非常之大。这一公益广告构思精妙，讲述了一个女婴的诞生以及人们欢迎她来到这个世界时的喜悦与尊重之情。公益广告描述了人们喜获女儿的兴奋，希望她获得最好的教育的心情，以及女儿在成长过程中所获得的各种成就。它告诉人们，女儿是上天赐予的礼物，她们在父母年事渐高之时会为他们提供所需的帮助。此外，公益广告还展示了女孩和女人在印度社会中毋庸置疑的价值。这部公益广告一遍遍地在各个影院以及帐篷电影院（指印度乡村巡回电影院，帐篷通常可以容纳2000人，如今已处在消亡的边缘。——译者注）里播放，为人们提供了一个崭新的视角，重新审视女性在他们社会中的价值与贡献。

接着，一位知名的歌星也听说了这场运动。她谱写并录制了一首歌曲，以歌颂女儿的价值：她们对印度的未来与福祉是如此重要，她们是每个家庭与村庄的心肝与灵魂。这首歌在印度广为传播，它是如此流行，每个人都知道这首歌的歌词，都会在听到它的时候跟着哼唱，用他们自己的声音来加强这些崭新的信念。

记者们开始纷纷报道这场地区运动，这一新讯息屡屡出现在媒体上，出现在街头巷尾的谈话中。很快，这一地区的人们清楚地看到，时代变了，女孩和女人同样是这个社会宝贵、重要的成员。

如今，该地区的人们已经不必再为出嫁的女儿准备高额的嫁妆。这一习俗曾经使得人们对于生女儿而心怀恐惧。某一天，它受到了公开的质疑与挑战，并因一场积极、有组织的运动而废除。如今，女性也开始挣工资，为家中增加收入，并在手工业中扮演着至关重要的角色。不仅如此，女性也开始参与管理工作，并走上领导的岗位。12年前十来个妇女在一片小树林中选定的立场改变了该地区每一个人的生活。

"事情本就如此"原本就是一个谎言。只有在人们听信与屈从的情况下，置办嫁妆与杀婴行为才"本就（该）如此"。那些妇女鼓足勇气，打破沉默；她们的行为不仅勇敢，也是至关重要的，在与金钱的关系上为我们树立了榜样。与那位知名导演的对话是我打破沉默的开端，我不再对我们金钱文化中的贪婪与恶习保持沉默，不再对好莱坞的贪婪与陋习保持沉默。

运用金钱来表明立场

在我们自己的国家、自己的社交圈子、自己的家庭、自己的婚姻、自己的友谊，甚至仅仅是自己的心中与脑中，当我们想要在与金钱的关系上另辟蹊径时，也同样会遇到怀疑甚至否定等挑战。

打破沉默并采取行动的方式多种多样，然而，"运用金钱"则是最直接、最有力、最具个性的方式之一。我们中的一些人可能会更加慷慨地资助那些自己首肯的组织与机构，另一些人可能会更加关注自己花钱的方式，使金钱不再流向那些贬低生命的人与产品。还有一些人则可能会投身于公共服务，或者运用投票权支持政府对健康、教育与安全等进行投资。

无论我们做何选择，都是在借由"运用金钱的方式"来表达自己，我们花掉的每一元钱都承载着我们意愿的能量。匮乏心态以及对"更多"的追逐无法再继续控制我们，我们开始做出不同的选择。金钱则成为一个渠道，成为我们彰显最高理想的方式。金钱成为爱与承诺的载体，展示出那个"最佳的你"，不再是助人们在空虚感、匮乏感或者外界诱惑的驱使下不断消费的工具。

金钱最大的作用之一是，为我们奠定坚实的基础，助我们扎根于这个世界。而如果我们运用金钱来为自己的承诺服务，它就会为这些承诺奠定基础，使它们彰显于这个世界。或许我们希望能够拥有更好的学校、整洁的环境或者世界和平，为此我们甚至可以成为志愿者；不过，如果我们也投入金钱以实现这些愿望，我们就会真正地认真起来。金钱是将意愿与愿景转化为现实的有力工具。

如果你以充裕原则为指导而生活，"表明立场"不仅会使你自己敞开心灵，也会使你周围的人敞开心扉。借由表明立场，你设定愿景，创造现实，并不断扩大影响，直至所有的障碍最终都消失不再。圣雄甘地、马丁·路德·金、伊丽莎白·凯迪·斯坦顿、特蕾莎修女，历史上有许多诸如此类的人，他们并没有因为选举或任命而获得权力，也并非生来就拥有权力，但他们却因为自己所坚持的立场而改变了人类历史的轨迹。此外，除了这些众所周知的领袖人物，还有无数的平民百姓，他们借由抵制、资助或其他目的明确的消费行为来表明自己的立场，支持富有社会责任心的事业。

没有人将马丁·路德·金看作一个募捐者，然而，他维护人权的立场却为那些以维护公民权益为己任的组织机构募集了数百万美元的资金。特蕾莎修女也在全世界范围内募集了数千万美元的资金。许多人被她的事迹感染，也希望能够创造不同，并运用金钱来

改变梦想

表明自己的立场。我们所有的人都拥有这一力量，这与时代无关，与一个人的社会地位也没有任何干系。囊中羞涩或一贫如洗的人与腰缠万贯的人一样，都有能力以有意义的方式运用金钱。仅仅通过表明立场，他们就能够创造沟通的空间与境界，邀请人们站出来，阐明自己的观点。

认真选择，规划生命与金钱

在我自己的生活中，也常常有这样的时刻，我觉得自己没有充足的条件来迈出创造不同的第一步。有时，这种"条件"指的是金钱，有时是时间，有时则是对自己能否产生影响的信心。

当我刚刚开始参与战胜饥饿项目时，我怀疑自己是否真能起到一定的作用，因为我需要照顾自己的三个孩子和丈夫，当然，还有其他一系列的实际障碍。然而，当我真正地聆听灵魂的声音，感受这个世界的呼唤，感受自己应负的责任时，我不再限制自己，并让这种责任感主导我的人生。我在金钱方面所有的选择，从投资、捐助到花销与储蓄，都遵循自己的承诺。我们所做的每一件事都是对自己最高承诺的彰显。这并不是说，做到这一点，我们就不再有焦虑，无须再面对挑战。不过那时，其实现在亦如此，只要我们回归自己的灵魂使命，回归自己的立场，一切的一切都会变得顺畅，我们也会感到轻松与自由。

你是否还记得在信用卡出现之前自己为了某样一心想要的东西而存钱的喜悦？当你还是一个小孩子时，那可能是你想要的一个玩具。长大了，那可能是你的第一辆汽车，或者第一栋房子。也或许，那是你想为某个人购买的一件特殊的礼物。因为这个有意识的选择或者说承诺，你不会把钱随便花在其他地方。这一承诺带给你的兴奋以及即将实现承诺的满足感远远胜过任何你可能会有的遗憾。

我们中的许多人都认为，"自由"意味着保留选择权并静观事态的发展。这一策略确实会暂时地为你创造一定的空间。然而，随着时间的流逝，如果你迟迟不做选择的话，这反而会成为你的枷锁。你永远都不会做出任何选择，永远不会坠入爱河，永远不会结婚，永远不会从事某一工作，也永远不会真正找到自己的人生使命，因为你不敢全然地投入。

回顾你人生中那些自由的时刻，你会发现，"自由"并非不断权衡、反复比较各个可能的选择；亦非试图确定自己并不会被某一决定禁锢起来，无法脱身。"自由"是完全地展现自己，并尽情地体验；"自由"是全然地做出选择；"自由"是知道自己正走在属于自己的道途上；"自由"是拥有使命感；"自由"是毫无拘束地进行自我表达，是喜悦或平静地对待自己所选择的境况。如果我们以"充裕原则"为指导，珍视既有资源，感受它们在生活中的流动，并运用它们来创造不同，就会将"自由"带入我们与金钱的关系中。

我们随时都可以将金钱的运用与灵魂的愿望结合在一起，无论是最微不足道的金钱交易，还是我们日常生活中所做的选择——那些减弱金钱控制力的选择——都如此。在金钱与人生问题上，"表明立场"具有神奇的力量。有一天，在北京，我亲身体验并见证了这一力量。那是一次国际会议，与会者是那些拥有很少的金钱，几乎或者根本无权掌管金钱的人：妇女。

北京世界妇女大会：金钱、灵魂与勇气

1995年，我与来自世界各地的5万多名妇女一起，参加了在北京举行的联合国第四届世界妇女大会——后来被称为北京世界妇女大会。这是一次影响深远的大会。如此多的妇女能够筹集资金从世界的各个地方来到北京，并运用这些资源来让全世界都听到她们的声音，这使我既感动又敬佩。我真切地感受到她们承诺的力量。

一批批参加大会的妇女抵达机场。从她们的着装、衣料以及富于民族色彩的图案来判断，许多妇女在她们的国家中并不属于富裕阶层。根据我多年的经验以及对她们国家的了解，我知道她们相当贫穷，筹集几千美元的旅费来参加会议对她们来说是天大的事。我知道她们根本担负不起这笔费用，这相当于她们整整两年的收入。不仅如此，她们还来自于严重歧视妇女、剥削妇女的国家。她们是如何筹得资金来到北京的呢？

每位妇女在大会上讲述的故事为我的问题提供了答案，她们与我们分享了自己如何在人生中表明立场的故事。大会中，最令人感动的会议之一是"人权法庭"。人权法庭的目的在于创造一个空间，供妇女们就像在真正的法庭上那样，以见证人的身份讲述践踏妇女人权的故事。这间大概可以容下五百人的会议室里挤满了人，我能够进入会场，参加这次会议，实在是很幸运。这是一群精神振奋、直言不讳的妇女，然而，每当一位接一位的妇女走上见证人席，发誓自己所说的都是真话，然后讲述自己的亲身经历时，会议室中都是鸦雀无声。

第一个走上见证人席的是一位来自危地马拉的玛雅土著农

妇。她身材瘦小，不过并不给人以矮小的感觉，穿着绚丽多彩的危地马拉传统服装。当几位玛雅姐妹搀扶着她走上见证人席的时候，会议室立刻安静下来。她受过伤，看上去伤痛犹在。她还没有开口说话，我便已泪眼盈盈。很明显，她的故事将为大家带来深重的影响。

她话音不高，用西班牙语讲述自己的故事，会务组将她的话译成英语。她说，她和丈夫一共育有11个孩子。有一天，一些军队上的人来到他们的农场，寻找她的丈夫和两个最大的儿子，因为他们参加了印第安起义。他们三个已经躲了起来，不过她并不知道他们的藏身之处。她告诉那些士兵，说她不知道自己的丈夫和儿子躲在什么地方。因此，那些士兵们对她展开了一场缓慢的折磨，当着她的面杀死他们饲养的一头头动物。她一次次绝望地告诉他们，她真的不知道自己的亲人藏在何处，但他们不相信她的话。他们先后杀死了她饲养的猪、狗和奶牛。

杀掉了所有的动物后，他们威胁说要杀死她的孩子。她尖叫着、哭喊着告诉他们，她确实不知道丈夫和两个儿子的藏身之处，他们三人并没有告诉她自己藏匿的地方，因为他们知道，如果她要为此撒谎的话，会为她和家人带来更大的危险。她乞求那些士兵不要杀害她的儿子，但惨遭拒绝，他们当着她的面杀死了她所有留在农场的孩子。她那时正在喂奶，他们从她的怀中抢走婴儿，割下她的双乳，然后杀死了婴儿。他们夺走了农场上其他所有的生命。农场上一片死气，尸体横陈，只有她还活着，带着残缺的身体活着。

听众们都惊呆了，静静地听她讲述这一凶残野蛮的攻击事件。会议室里一片死寂，只有震惊的喘息声。她说，她后来再也没有见到自己的丈夫和儿子，他们依然音信全无。孤身一人的她开始疗愈自己那饱受创伤、残缺不全的身体，但她逐渐意识到，

改变梦想

疗愈自己的心与灵魂则需要更大的努力与更长的时间。一个新的想法好像带着希望的种子，在深重的痛苦与悲伤中酝酿而成。这个想法是，女性，像她一样的妇女，以及所有的妇女，是终止暴力的关键。她下定决心，要让其他女性听到她的故事，从她的故事中获得启发与力量。

她听说了北京世界妇女大会，听说这是历史上规模最大的一次妇女大会，她就决心一定要参加这次会议。她卖掉了农场，卖掉了自己的财产，卖掉了所有的烹饪用具还有多余的衣服，卖掉了一切的一切。此外，她接受了一些捐助，又向亲戚们借了一些钱。

她筹集的钱仅够买一张飞往北京的单程票，没有钱住旅馆，也没钱吃饭，甚至没有钱返回家乡。她的手中仅有供她前来北京讲述自己经历的钱。她为我们讲述了这一切，讲述了自己的亲身经历，将这一惨绝人寰的故事变成了一份贡献。她说，她已经变卖了自己所有的家产，手中也不再有任何资金，不过，她知道，即使她现在就死去，她的一生也算值得，因为那些拥有使命感、满腔热忱的妇女听到了她的故事，会在她们争取和平的工作中引用她的故事，并将其作为工具，来废除这个世界上的暴力与压制。听闻此言，在座的五百名妇女都泪如雨下。

第二位妇女来自波斯尼亚。1995年，波黑战争正是激烈之时。当时的常用战争工具之一是强奸敌对方的妇女，"让她们怀上敌人的孩子"。就在几个月前，这位妇女惨遭强奸。敌方的士兵将她捆在地上的木桩上，他们先杀死了她的丈夫和儿子，然后对她进行强奸。接下来的十来天，她被强奸了十五次左右。她描述了当时的情景，包括所有恐怖、毫无人性的细节。她一个个地描述那些强奸她的男人，描述那些暴力、满心仇恨的男人对她进行的性侵害。

现在她已身怀有孕，她拿出自己所有的积蓄来参加这次会议，

表明立场

为大家讲述她的经历。她想要大家都听到她的故事，让大家了解、见证这些暴力行为，并打算在这次会议中当众立下誓言。她向大家保证说，她将抚养即将出生的孩子——可恶敌人的儿子或女儿，并会给予孩子无条件的爱。她保证说，她会全心全意地爱这个通过最惨无人道的方式来到这个世界的孩子，让他/她过上不受战争困扰的生活，并和他/她一起为世界和平做出贡献，为终止将此类野蛮行为合理化的战争贡献出自己的力量。她的话使在座的人深受感动，许多人眼中都充满了泪水，有些人更是觉得自己已经无法再继续承受下去。然而，还有更惨烈的故事在后面。

第三位女性来自印度，是"火烧新娘"（在印度某些地区，新娘会因为嫁妆过少而被活活烧死。——译者注）的受害者。她也同样需要别人的帮助才能参加这次会议。她的脸已经被烧得面目全非，在她开口说话前，我们甚至看不出她的嘴在哪里。几星期前，她在德里遭到火刑。因为对她带过来的嫁妆不满，她的丈夫和婆婆将她绑在柱子上，浑身浇上煤油，点起火。她成功地逃脱，逃回自己的家。虽有家人的照顾，但她的烧伤异常严重。大家心里都清楚，她逗留世上的时间不会太长。她开始通过法律途径起诉侵害她的人。就在这时，她听说了将在中国举行的妇女大会。她知道自己必须去参加这次大会，于是她千里迢迢地来到北京，以能够死在这次会议上。她说，她带着自己那烧焦、变形的身体来到北京是因为"我知道，如果我在这里死去，我会死得更有意义"。她确实在那里辞别了人世。

这些妇女承受着如此多的痛苦，遭遇了如此多的障碍，又拥有如此少的金钱，但她们运用自己所拥有的一切，聚集起每一丝勇气、每一份力量和每一点金钱，来实现自己"结束战争与暴力，创造和平"的承诺。她们三位讲完后，与会的听众纷纷解囊相助，为她们提供一定的资金。我们为来自危地马拉的那位妇女找到一处住所，出资帮她治疗伤口，并为她准备了回家的路费。对于那位来自波斯尼亚的妇女，我们为她的孩子建立了教育基金，还为她和孩子未来的生活提供了资金保障。那位来自印度的妇女烧伤程度过于严重，已经无法医治，我们尽自己的一切努力来照顾她，直到她两周后在北京辞世。

这些女性无私地将全身心都投入到自己的使命中，无论是在金钱层面上，还是在灵魂层面上，都如此。作为回报，她们的需要得到了满足，她们的使命也得以完成。人们听到了她们的声音，听到并传播着她们讲述的故事。她们的行为确确实实地影响了参加北京妇女大会的几千名妇女，以及世界各地千千万万个妇女，因为我们这些与会者也与他人分享了自己在大会中的所见所闻。故事本身的力量，这些妇女的勇气，以及她们筹集资金以让世人听到自己声音的智慧与能力，都充分地证明了我们每个人都拥有实现自己最高承诺的力量，都拥有创造机会、引导金钱之流、实现承诺的力量。她们，还有我们投入的金钱，数额都不大，不过却在我们实现承诺的过程中，起到了至关重要的作用。

在北京，我认识到一点，只要我们表明立场，财务上的资助便会自行出现。我们所选择的立场自会吸引足够的资源以完成自我实现，而我们则会成为彰显这一立场的工具。参加北京世界妇女大会的女性们，很多都来自异常贫困的地区，"受压制"对她们来说可以说是家常便饭。然而，在她们的鼓励下，我看到，像我这样的妇女，全世界的妇女，无论我们来自何处，生于哪个时代，都拥有实现自己最高承诺的力量。而且，在实现承诺的过程中，金钱自会流向或流经我们，帮助我们将梦想变为现实。

平衡愿景、金钱与生命，改变梦想

　　无论你是否意识到这一点，你每天都在借由选择如何生活，如何分配自己所拥有的资源来影响世界。如果"金钱能说话"，那么它就是借由你的声音来"说话"。你在财务上所做的每一个选择，都是在大声地向世人宣告"你真正是谁"以及你真正关注的是什么。表明立场并运用金钱来展现自己的立场，这会进一步加强你的"自我感"或者说"自我意识"。

　　你无须更换职业，彻底变革自己的企业或者举家搬迁以表明某一立场。你完全可以借由自己挣钱的方式、选择符合自己价值观的工作来表明自己的立场；或者借由自己支付食物、衣服、住所与教育的方式来表明立场。表明立场的方式可以是，运用金钱来帮助他人，比如资助食物供应点（类似于"食物银行"，为经济有困难的人提供暂时的食物援助。——译者注）或者资助那些为被虐待的女性、失足青少年与无家可归的人提供住所的机构。表明立场的方式也可以是运用金钱来增强自己的创造力，进行自我表达，或者借由各种课程、书籍与音乐来滋育自己。此外，你也可以借由有意识地选择某些产品并支持生产这些产品的公司来表明立场；借由捐助使你备受启迪的本地、本国或国际性的事业，抑或为他人提供此类捐助机会来表明立场。如果你是雇主，表明立场的方式也可以是：投资创造一个能够展现自身之真诚与正直的工作环境，使公司的管理者与员工都能够发挥其卓越的才能。

　　我们所有人都能够如此安排生活，以使自己在金钱与人生问题上所采取的立场随时都是对自身之核心价值的展现，从现在这一刻起，并且每一天、每一周都如此；而不是未来的某一天、明年、"我退休以后"或者"我拥有足够的资源以后"才去展现自己的核心价值。每一天中的每一刻，我们都有机会展现自己的个性与创造力，有机会去努力实现我们对自己、家庭、社区、城市乃至这个世界的愿景。只要我们将这一意识觉知带入自己围绕金钱的每一个选择，并运用既有资源——金钱、时间或天赋——来支持、维护自己的信念，我们就会变得活力十足。即使在最"微不足道"的行动上，我们心中也充满了使命感，感到自己浑身充满了力量。

无论你聆听什么样的"行动号召"，我都邀请你表明自己的立场。不要再随波逐流，要运用上天赐予我们每个人的机会来增加自己的价值，更加坚定地以其为指导，充分地展示它们。我们每个人都可以将"充裕"看作一种生活方式，一种与金钱互动的方式，与他人互动的方式。无论你以这种方式使用1美元还是100万美元，无论你是一位危地马拉农夫还是非洲农民，是巨额财产继承人还是一位洗衣女工，是律师、工人、医生、艺术家、办事员、面包师还是银行家，你都有能力运用金钱来打破沉默——它保护着当今这个极具破坏性的、以匮乏感为驱动力的金钱文化——并表明立场，弘扬更高的人本价值。金钱承载着我们赋予它的力量与意愿。我邀请你用鲜明的立场来增强它的力量，并运用它来改变梦想。

我们认知、肯定并拥抱一切，颂扬『质量』而不是『数量』，以一颗正直之心，运用机智，接纳生命赋予的机遇，并用自己的能量与意愿来重新定义金钱。

第十章
言谈话语的力量

> 言语不会为既有事物贴上标签。言语像雕刻家的刻刀：将想法与事物从外面那个无形无相的状态中解放出来。一个人说话时，他说的并不仅仅是他的母语，还有他正在说的事情。
>
> ——因纽特人格言

1987年的一天，股市暴跌，后来人们将这一天称为"黑色星期一"。和许多人一样，比尔和我也购买了不少股票。就在那一天，短短的几小时之内，我们损失了一大笔钱。电视新闻持续跟踪报道这一金融危机，恐惧在空气中漫延。人们害怕发生在20世纪30年代的大萧条再次出现，我们的父母对此有过深刻的体验，现在轮到我们来亲身体验失去金钱带来的安全感是什么样子。对于失去巨额财富的人来说，这一经历是如此的可怕。此外，还有许多人整日提心吊胆，忧心忡忡，因为一旦他们所供职的公司倒闭或者为了度过这一危机而大量解雇职工，他们就会失去工作。和许多人一样，比尔和我整个下午和晚上都一动不动地坐在电视机前，观看所有频道的新闻，聆听记者采访那些损失惨重的公司的负责人、那些失去数百万美元的人，聆听那些商业、经济与政治领袖在采访中表达他们的恐惧。

我们也深陷在恐惧之中。就在此时，忽然柳暗花明，事情的发展完全改变了方向。我们从电视机前转过身，开始讨论这次危机对我们的家庭会有什么样的影响。谈话过程中，我们意识到，股市危机所造成的"金钱问题"并没有什么大不了的，这一危机影响到我们所拥有的金钱的数量，不过，它并没有影响我们对彼此的感受。我们依然爱着对方，我们的生活依然如故。我们的孩子不会因此发生改变，他们依然是美丽、充满爱心的年轻人，正走在成为伟大之人的路途上。我们依然健康如故，也很满意自己的生活。

我们看到，公众话题基本上都是关于资本净值的跌落，如果我们听之任之的话，此类谈话会彻底地毁掉我们的生活。我们会陷入其中，因此心烦、担忧或者害怕。是的，我们很可能掉进这个漩涡之中，那一天，这一漩涡可是无处不在。不过，我们并没有掉进去，而是看着彼此的眼睛，约定并发誓说，我们绝不会那样做。我们要把这一股市情形当作一个机遇，一个认知自己所受到的福佑以及所拥有的非物质资产的机会，它们才是我们的人生、我们的喜悦以及我们真正财富的基础与核心。

这并不是说我们不关心自己的经济未来，我们确实对此很关心。然而，"黑色星期一"这一天的股市风暴为我们提供了一个机会，让我们以不同以往的方式来感激与体验生活之美，我们很久都没有这样做了。我还记得，当时我们非常感动，因为我们所拥有的丰盛在于我们的心，在于家庭的充裕与完整，在于我们彼此之间深深的爱。我们深深地沉浸在这一感激之情中。

股市危机还在继续，在我们周围，无论我们与何人交谈，无论何时何地，谈论的内容无一例外，都是关于恐惧、愤怒、损失的金钱以及破碎的梦想的。然而，因为我们自己在谈话内容与关注对象上的转变对我们产生了积极的影响，所以我们决定与周围的人分享这一经验，帮他们也获得同样的美好体验。从此以后，朋友们再打来电话，我们的谈话都会从"愤怒"和"恐惧"转到与此截然不同的话题，亦即，与家人及朋友之间一如既往的爱和连接，以及并未因股市波动而减少的内在资源——它永远不会因此而减少。当然，我们依然关心这一令人不安的股市危机，但我们有意识地做出决定，不再因此惊慌不安，也不再执着于它。

我还记得中文对"危机"二字的解释，根据情况的不同，"危机"可以是"危险"，也可以是"机遇"。我们意识到，虽然股市的发展并不因我们的意志而转移，但是，只要我们摒弃关于恐惧与焦虑的谈话，将谈话内容聚焦在生命的丰盛与慷慨上，恐惧就会自行消散。如果我们不带着"恐惧"与"极度焦急"的噪音来看待这一危机，它就会失去对我们的掌控，这时，"危险"确实就转变成了"机遇"。

接下来的几天与几个星期，我们与一些朋友继续进行这种有意识的感恩谈话，感恩我们所拥有的家庭、朋友和工作，用关注之光照耀自己拥有的人、事、物，并在每一天都为我们的生活创造不同。我们并没有重获那一天损失的金钱，但我们很快地找回了安适感以及对未来的信心，能够以清醒、安宁的心态来面对挑战，走出经济困境。后来，当我们回顾那段时光的时候，我们认识到，就在我们的谈话内容发生转变的那一刻，亦即，当我们将注意力从自己的损失转移到依然拥有的金融资产以及其他方面的资产时，我们就已经开始恢复。对我们来说，"黑色星期一"所发生的股市危机只历时了几个小时，而对于那些陷入"危机谈话"无法自拔的人——有些人到现在都没有从中走出来——来说，"失去"与"恐惧"的感受依然陪伴着他们。随着时间的流逝，这次危机不仅耗尽了他们的金融资产，也在情绪上，甚至是整个精神层面上使他们变得筋疲力尽。

言谈话语创造生活背景

我们认为自己生活在这个世界上，认为自己生活在一系列的情境中，然而事实并非如此。我们其实是生活在关于这个世界的谈话中，生活在关于自己所处情境的谈话中。如果我们的谈话内容侧重于恐惧、恐怖、报复、愤怒、惩罚、嫉妒、羡慕与攀比，那么我们就会生活在此种令人沮丧的世界中。而如果我们谈话的重点是机遇以及对既有资源的感激之情，那么我们就会生活在这样美丽怡人的世界中。我以前一直以为，我们使用的言词只不过是对内心思想的表达，仅此而已。然而，我的经历却告诉我，我们的言词也创造了我们的思想与经历，甚至是我们的世界。我们与自己及他人所进行的对话以及我们所重视的想法，都深刻地影响着我们的感受、体验以及我们看待这个世界的方式。

"匮乏心态"所崇尚的词语是：永远不够、空虚、恐惧、不信任、羡慕、贪婪、贮藏、竞争、分裂、分离、评判、挣扎、权利、掌控、忙碌、生存以及表面上的富裕。在充满匮乏感的谈话中，我们评判、比较与指责，并为人们贴上"胜利者"与"失败者"的标签。我们为"数量上的增长"与"过剩"欢呼不已，将自己的注意力集中在渴望、期待与不满中。我们以"比别人强"或"不如他人"来定义自己，并以金钱的多少来判断自身的价值，而不是以更深刻的定义来衡量自己，并借由金钱来彰显自己的品质。

"充裕心态"所使用的词汇是：感恩、充实、爱、信任、尊重、贡献、信心、慈悲、整合、完整、承诺、接纳、合作、责任、适应力以及内在富有。在以充裕感为主导的谈话中，我们对既有资源以及业已发生的事情心存感激，认知其价值，并展望如何运用它们来创造不同。我们认知、肯定并拥抱这一切，颂扬"质量"而不是"数量"，以一颗正直之心，运用机智，接纳生命赋予的机遇，并用自己的能量与意愿来重新定义金钱。

鼓舞人心也好，令人烦恼也罢，上述两类词汇的区别及其强大的影响力，在人们对2001年9月11日的恐怖袭击的反应中，淋漓尽致地表现出来。在袭击世贸中心、五角大楼以及第四架飞机坠毁于宾夕法尼亚的事件发生后，人们在一片震惊与悲痛之中所表现出来的非同凡响的慷慨与慈悲，充满了各大媒体的报道以及人们之间的谈话。

接下来的许多天，我们听到各种各样的故事，故事的主人公不仅仅是那些死于袭击或者丧生于英勇救援行动的人，还有成百上千以各种形式表示关切的人。他们写信，祈祷，并为受难者家属与救援人员提供食物、衣物与金钱。还记得在旧金山我家附近的血库，我看到捐血的人已经排成了长队。排队等候时，人们互相交谈，谈论自己震惊的心情以及希望能够以有意义的方式做出响应的愿望。每一个人的话都是以"该如何提供帮助"为主题。

最初的几个星期，仿佛我们所有人都回到了自己的"归零地"（原指炸弹的着地点，"9·11"事件后世贸中心废墟以此命名。——译者注），我们的心与灵魂的"归零地"。公众谈话的主题一直围绕着救援过程中人们的美丽言行，全世界人民对美国人民的支持与关爱，以及每一个美国人都希望能够付出自己一臂之力，比如都有捐血或捐钱等的愿望。人们以各种各样的方式敞开自己的心灵，在为他人失去亲人而流泪的同时，也为自己依然完整的家庭公开表示感恩。他们放下宗教信仰上的差异，在不同信仰的人共同举行的仪式上一起祈祷。忽然间，人们开始同情并关注那些深受宗教极端分子压迫的阿富汗人，尤其是那些备受压制的妇女与儿童。人们纷纷举办烛光仪式，我们感到也知道，慷慨与慈悲将我们紧密地连接到了一起。

又过了几周，全美范围的震惊与哀悼开始引起经济衰退，零售业的损失尤为惨重。乔治·布什总统在电视讲话中号召美国人民重新开始购物，以支持美国经济。购物被描绘成爱国行为，旨在以此向恐怖分子展示，他们根本无法摧毁我们的经济，无法摧毁我们的消费精神、美国精神以及美国生活方式。

记得就在小布什总统讲话之后的几天，人们先是尴尬、甚至不情愿地停止在公共谈话中提及悲伤、慷慨与同情。没过多久，谈话开始小心翼翼地转向新的生活秩序。短短几天内，报纸与电视记者纷纷去各大商场采访购物者，仿佛他们是战斗在这一崭新的"爱国消费前线"上的先锋。零售营业额被大肆宣扬，它们占据了头版头条，就好像这些数字展示了美国人民的情感康复程度，表明人们已经从恐怖袭击中恢复过来。媒体不再报道那些能够唤起人们反思与精神响应的活动，而是开始大量讨论各种各样的经济问题以及周末高居票房收入之冠的电影。在购物中心采购的人们成了媒体指定的公众发言人，代表我们所有人，宣讲购物的决心，以及"不在恐惧中生活"的决心。

那些深入思考美国在国际舞台上的所作所为，以及如何运用我

改变梦想

们的金钱与力量来促进我们与其他国家之间的合作与和平的人，几乎没有得到任何关注。在总统讲话之前，此类言谈话语刚刚萌芽，现在忽然间就消失不再。好像恰恰就在此时，公众的关注忽然从悲剧、分享与内省转移到消费与获取。充满防卫性与挑衅性的新言论开始出现，话题中心便是金钱。

那时，美国国旗以人们所能想到、能推销掉的所有方式大量涌入民众的生活，从手机、内衣、保险杠贴纸到食品包装，无处不在。这期间，我去加拿大演讲，回到美国时，刚刚越过边境，一个印有美国国旗图案的巨型广告牌立刻闯入眼帘。本来，我每次看到美国国旗心中都会油然生起一种自豪感，不过，这张宣传画里，国旗上画有小小的提手，看起来就像是一个巨型购物袋，上面还写着"美国对商业开放"的字样。

这成了公众谈话的新主题，美国价值从"国民品质"和"个人特质"转变成"购物"和"经济"，从"人本价值"转换为"消费者价值"。在这种时候将"消费"宣传成爱国行为，从时间安排上来讲，尤为不当，因为它鲁莽地打断了举国上下的哀悼。此时，袭击现场依然是满地碎石瓦砾，据称死亡人数超过4000，许多人的遗体还没被找到，而美国上下的谈话内容却已经转向借由花钱来保全面子、拯救经济甚至挽救国家。这恰恰验证了一些典型的"丑陋的美国人"的形象——浅薄、贪图享乐的过度消费者，而那些恐怖分子正是以此为借口来为他们的仇恨辩护。

我并不反对购物，也不反对人们开创企业或者从事零售业，这些都是我们生活中稳固的组成部分，不过它们并不代表"我们真正是谁"。它们不会使得一个人或者一个国家变得更加伟大，无法疗愈一个遭到恶毒袭击、失去几千条生命的国家，更无法拯救一个自毁式的经济，因为这一经济完全依赖于永不满足、不具备持续性的增长与发展。此外，单凭消费，我们也无法赢得世界上那些消费较少的人们与国家的尊重。

如果我们透过美国人民的谈话内容来检视我们与金钱的关系，我们就会看到，在危急时刻，人们最自然而然的反应就是"充裕"。忽然间，我们彼此连接在了一起。我们拥有绰绰有余的资源与大家分享，拥有足够的金钱来捐助，拥有足够的血液来捐献。我们都敞开心灵，来自四面八方的人们共同合作，整个国家以及整个世界的人们都走出来，互相帮助，互相疗愈。人们的言谈话语创造了一个"你与我的世界"，它支持并彰显了人们与金钱之间慷慨、富于创造力的关系。

然而，此后不久，全国上下的谈话内容发生了转变，经济方面的恐惧、消费与获取成为中心话题，一瞬间，人们被"匮乏心态"所掌控。"资源匮乏"、"多多益善"、"事情本就如此"等等诸如此类的想法充斥着公众的谈话，"你与我的世界"消失不再，"你或我的世界"取而代之。

对于"匮乏"的恐惧——害怕没有足够的经济活动，害怕作为超级大国没有得到足够的尊重，害怕没有足够的国土安全保障——成为理论依据，支持我们防御性地、充满恐惧地，甚至不合理地运用金钱，并以此展示我们的经济与军事力量，以及我们国家在政治上的团结。此类言谈话语也煽动人们去支持军事反击，扑灭那些希望能够通过更有意义的外交方式与人道主义方式来解决问题的想法。此类言谈话语将我们的国际邻居定义为"支持或反对我们的人"，不给理智的异议留下任何空间，并因此加强了恐惧，加强了人们对所谓的"邪恶轴心"国家（美国总统小布什2002年在他的国情咨文中提及，意指"赞助恐怖主义的政权"。——译者注）的报复心理。此类言谈话语也被一些人利用，作为战争的前奏。

还记得我从加拿大回来，穿过边境的那一刻，我看到购物袋式的美国国旗，心中异常沮丧。我决定回家后写篇评论，把它发表出来。然而，随后的那些日子，狂热的购物与消费很快取代了人们关于人本价值的深刻却平静的谈话，我提笔写作时，心中充满了悲伤，竟然无法完成这篇文章。这场"匮乏感"驱使下的全国性谈话是如此的强而有力，在它的影响下，我竟然提笔难书。"事情本就如此"的迷思完全束缚了我，还记得，当时我根本不认为会有人聆听我的话语，于是我放弃了。

　　就在此时，我按照计划，与来自逆转潮流联盟的12位同事开会。逆转潮流联盟是由受人尊敬的活动家所组成的话语群，旨在创造公正、丰盛与可持续的生活方式。这次会议历时两天，所有与会者都从中获得了无穷的力量。

　　我们探讨了公众谈话内容从慷慨与同情到恐惧、不自信、愤怒、报复与战争这一令人气馁的转变，并决心要尽自己的一切努力将谈话内容再转回到更有意义与价值的关注点上。我们采取的行动之一就是：发邮件邀请人们重新认知自己及他人更美好的品质，不再迷失于恐惧与受人误导的消费之中。其中一些邮件还直接谈到国家正在面临的严重问题，也提出了"不借助武力而是采取其他更有效的方法"的意见。由于圣诞将近，我们也在邮件中提到，我们认识的一些人正在参与一项被称作"礼物转换"的活动。他们不再购买礼物，取而代之的则是贡献出自己的金钱或者时间，从"花钱购买礼物"转换为"与他人共度时光"，从"机械地做出表示"转换为"表达彼此之间更深的连接"。

　　我们将邮件与信件发给朋友、同事与熟人，邀请他们将这些邮件转发给他们的朋友与熟人，使这些更平静、更深思熟虑、非商业性的观点更广泛地出现在公众谈话中。我们创建了一个网站，供人们分享自己的故事，分享关于"礼物转换"的想法与主意。

在书写与传播这些讯息的过程中，我们感到自己仿佛获得了重生。越来越多的人收到了这些邮件，几百人乃至几千人。很明显，许许多多的人都渴望能够重新参与关于"充裕"、"连接"与"分享"的谈话，而且，每一次谈话都会进一步发展这些美丽的品质。

每一则讯息都清楚地表明，无论是什么样的谈话背景或谈话内容，人们于内心深处都对"连接"与"充裕"充满了渴望。邮件传播的速度之快与范围之广使我深刻地认识到，这个世界上其实存在着许多无论是内心活动还是言行举止都以"充裕原则"为指导的人，我们将其称为"隐藏的主流人群"。他们希望自己的税金、支出以及人道主义援助都被用于促进可持续发展的生活方式，用于维护全球性的和平与公正，而不是用于浪费资源、报复与加强军备。这再一次提醒我，我们这些"隐藏的主流人群"挺身而出，大声说出自己的想法，进行以"充裕感"为背景音乐的谈话，邀请他人也和我们一样做，这一切是多么的重要。

历史上这一残酷的考验以及其后的战争将许多事情都置于聚光灯下，成为人们关注的焦点。这其中也包括我们与金钱的关系，我们国家以及我们个人与金钱的关系。我们在中东问题上制定的许多国家政策与军事策略都起源于"石油资源不足"的恐惧。作为一个国家，我们似乎更愿意为了石油利益而挑起战争，甚至不惜牺牲无辜的生命，而不愿目标明确地缩减矿物燃料的使用，减小对进口石油的依赖。对于"更多"的贪得无厌的追逐使得美国以非人道的方式对待世界上许多国家与地区，这种态度的后果极其严重。时代呼唤我们进行诚实的对话，并进行自我反省，看到我们这个国家日益增长的消费胃口的真正代价，看到许多国家将我们看作"傲慢、饕餮的消费者"的真正代价。我们完全能够选定立场，改变梦想，将

"充裕感"作为我们言谈话语的出发点。

为自己的金钱生活做主：聆听彼此的伟大性，诚实地表明自己的观点

我醒着的时候，大部分时间都在谈论金钱。尽管我们的项目与预算都是国际性的，我所参与的许多谈话却无异于我们日常生活中围绕金钱的讨论：需要多少资金才能完成这项任务，资金的来源，谁来管理这些资金，如何运用这些资金来达成目标。这一切看起来都是如此的平凡，然而，这些问题与谈话却能够使我们看清何为真相，何为幻象，何为最精妙的谎言——我们关于金钱以及自己与金钱关系的谎言。

2003年，股票市场进入低迷时期，美国一些最富有的基金会开始削减基金，减少对一些组织与机构的经济资助，这些机构在帮助孩童与家庭、保护环境、维护公共健康、改善教育与公共安全等领域起着至关重要的作用。有一周，我家的客厅仿佛成了一个旋转门，许多募捐与开发机构——备受尊敬、曾经运转良好的组织与机构——的职员一个接一个地来到我家，诉说并商讨忽然出现在他们面前令人沮丧与绝望的募捐危机。

在慈善事业中，基金会对于经济下跌以及投资回报的下降非常敏感，这也是可以理解的。不过，大多数情况下，这些基金会都拥有雄厚的经济实力，它们拥有数百万、甚至上亿美元的资金，为它们的日常运作与资助活动提供了坚实的基础。削减资助基金是基金会所采取的预防性措施，然而，这一行为却对那些非营利机构产生了破坏性影响，严重影响了它们在当地乃至全世界所进行的工作。

接下来的几个月，那些为生存而挣扎的机构改变了谈话内容，

开始将注意力集中在如何运用更少的资源做更多的事情上。与此同时，一些基金会开始认真考虑削减资金所带来的后果。它们的最高使命难道是达成野心勃勃的财务目标，以至于为了达到这些目标而不惜削减用以完成重要工作的经费？在这一特殊时期，它们是否更应该资助那些致力于实现慈善使命——基金会一贯宣称的慈善使命——的工作，并更加负责地制定内部资金的管理决策以实现自己的最高承诺？这些议题也引起其他一些基金会的思考，思考自己投资的性质，以及投资项目是否真正代表了基金会的价值。比如，如果一个基金会的使命是改善公共健康，那么它是否应该投资烟草业并从中获利呢？

无论一个人站在问题的哪一面，对此类话题的讨论都为他们提供了自省的机会，邀请他们诚实、清晰地检视自己的动机、意愿、赋予事情的优先顺序以及自己的使命。它呼唤人们不再进行那些激起匮乏感及其引起的恐惧与贸易保护主义情绪的谈话，而是将谈话内容转向"充裕"，并认识到我们拥有足够的资源、也有足够的能力去面对挑战。

关于"充裕"的谈话也开阔了人们在金钱方面的视野，因此，将灵魂的品质带入与金钱的关系也成为可能。我们不再仅仅聆听彼此的话语，也聆听彼此的伟大，由此，与金钱关系的伟大也自然而然地展现出来。我们可以观察自己，聆听自己关于金钱的谈话与决定。我们可以问问自己，在与金钱的关系上，我们想成为怎样的一个人，问问自己需要成为怎样的一个人才能为大众谋福。

关于"充裕"的谈话是我所见证的所有成功故事的核心，无论这个故事发生在塞内加尔一个生存艰难的小村庄，还是发生在离家更近的地方。当神奇七杰将他们村庄中的谈话内容从"失败"与"离开"转变成开垦农田的创造性想法时，村民们首先看到了自己所拥有的机遇与能力，随之而来的便是明确的策略、坚定的行动以及最终的成功。还有一些我认识的人，他们经历过离婚以及其他个人灾难或财务灾难之后，顽强地生存下来，并积极地营建丰盛的生活。他们对我说，当他们将注意力与谈话内容转离当时的"伤痛"与"损失"，开始关注自己的内在资源，并认真探讨各种"可能性"的时候，他们的人生航向也随之出现了转折。

我曾经面对的最大的挑战之一就是我自己对金钱充满匮乏感的"金玉良言"，这些言谈话语一直深深地嵌在我的信念体系中，我在它们的熏染下已经生活了多年，却对此毫无知觉，它们也深刻地影响了我与金钱的关系。认知此类"金玉良言"，重新审视它们的价值并将它们改写成更符合真相的话语，有时并不容易，需要付出相当的努力，而且也需要对剧烈的转变持开放的态度。

在人生的各个面向，金钱常常都是性别问题的导火索。在我成长的时代与家庭，男人被看作赚取金钱、养家糊口的人，他们拥有这种特殊的权力，女性则没有。20世纪50年代，在经济方面取得成功的女人可谓是罕见的例外。即使在今天，这样的事情虽然已经比较普遍，但我这个年龄层的人依然将其看作例外，并对此略感诧异。

如今的年轻女性目睹了同辈以及其他年龄层女性的挣钱能力，她们对赚取与管理金钱这一概念并不陌生。然而，在关于金钱的谈话中，我们的文化依然将不同的标准强加在男性与女性身上。人们会直白或婉转地问：这个女人以什么为代价换来了经济上的成功？是婚姻、家庭、孩子、作为母亲的责任还是基本操守？这些问题其实适用于所有在金钱面向上做出某一选择的人，然而，相对于男性而言，女性却更常遭到诸如此类的诘问，这严重地影响了她们与金钱的关系，以及她们在金钱问题上与男性的关系。这一点充分地体现在人们的日常生活中。

在我自己的生活中，我先生负责管理家中的财务并做出财务上的决定，将我从这一实际责任中解放出来。这并不是因为我先生处理财务的能力与智慧，而是因为我自己不想管钱，也不想与先生在金钱问题上陷入争论。我可以找理由说，他在这方面确实比我强，或者说我们就是这样分担家庭职责的。然而，如果我对自己坦诚的话，我知道我们这一"分工"在情感层面上也是有原因的，不过我们从未检视或者讨论过它。

我在金钱方面所做的第一次贡献也是一次令我深受启发、有意义的捐助之举，完全出乎我的意料。那时，比尔负责挣钱养家，为我们提供了舒适的生活。当时我的募捐经验还不算丰富，不过已经为战胜饥饿项目组织了一次小型的募捐策略讨论会。我们邀请了大约40个人，由一位受人尊敬的商人莱昂纳德主持会议。讨论完某一募捐策略的相关问题后，我知道请与会者募捐的时候到了，就提醒莱昂纳德。出乎我意料的是，他竟然让我坐下，加入到与会者中来。

莱昂纳德开始分发认捐卡，我心中想着自己设计的这些卡片，它们是如此精美，而且没有打字排版错误！接着，盛着铅笔的小篮子被传了过来，这些铅笔都是我削的，足够所有的人使用！一切的一切都进展得如此顺利，我欣喜不已！这时，莱昂纳德亲自递给我一张认捐卡，我一下子呆住了。毕竟，我是一位年轻的母亲，还为"战胜饥饿项目"做出了如此美好的贡献，而且我在这里仅拿极少的工资，我可不觉得自己手中有什么钱。

在家里，我有一笔钱用以支付购买日用品、照顾子女等家庭费用，不过从根本上讲，我自己的私房钱在整个家庭财务中只占了很小很小的一份，我不觉得自己应该再用这笔钱捐款。这是家里的钱，不仅仅是我自己的，我认为自己不可以随便地就把它们捐出。尽管如此，我还是决定聆听灵魂的呢喃，捐赠2000美元。我在认捐卡上写下这个数字时，心中有一种强烈的感觉，是的，这个数额是有些偏高，不过这也是我一个明确的宣言，对自己所做承诺的宣言。而且，我只需要调整一下日常支出以及其他花销就可以了。当我在写有2000美元的认捐卡上签下自己的名字并将它递上去时，心中充满了异样的惊喜与力量。从这一刻起，我开始以最个人的方式，运用金钱来表明自己的立场。我深信这笔捐款会得到很好的利用。

会议结束后，我开车回家。还未驶入车流，我就陷入无边的恐慌。我刚刚怎么了？我不知道该如何再把这笔钱挣回来。我该如何向丈夫交代？我觉得自己做得有些出格，在没有和他事先商量的情况下就捐出这么一大笔钱，我该如何向他解释？我心中充满了强烈的无力感——就像一个孩子必须顺从一家之主那样的感受，我感到很不舒服，也充满了担心，不知该如何向丈夫解释，也不知他会做何反应。事情的结果是，比尔支持我的募捐工作，也支持我捐出一部分家庭资源。不过，得知这一点之前，我可是真的担心，不折不扣地担心。

这个小插曲看起来非常平凡，不过，那时我们之间关于金钱的对话可是充斥着双方各自信奉的"金玉良言"，我所信奉的"金玉良言"表达了传统的"不管不问"与"依赖"，而他的则展示了传统的"管理"与"控制"。与此类似的性别权力关系至今依然存在于世界各地的男性与女性之间。这是一个从未被人质疑过的假定，我们不愿深究或者挑战这一假定，因为我们害怕这样做可能会导致的后果。

全世界范围内，女性承担着大量的工作，诸如照顾孩子、负责全家的饮食、料理家务等，除此以外，她们中的许多人还有着繁重的职场工作。尤其是在不太发达的国家，女性的付出是无法计量的，她们的辛勤劳动从未得到肯定，她们也从未得到任何金钱形式的报酬，甚至从未被纳入经济统计之内。在非洲撒哈拉地区，从事农作物种植的人有85%都是女性，不过她们的工作并未得到承认，未被赋予任何金钱上的价值。

在比较发达的国家，在工资报酬上也存在着严重的性别不平等。同样的不平等也表现在离婚协议以及人们对传统上由女性承担的工作的态度上，比如护士与教师工作，虽然这些工作在我们的社会中起着至关重要的作用，她们所得到的报酬却少得可怜。此外，各种关爱民众的组织得不到足够的资助，而那些工业与军事活动却总能够获得大量的资金。

性别歧视以及金钱分配上的不合理在全世界范围内普遍存在，然而它们就始于我们自己的家庭，始于我们的内心，无力感与权力欲主宰着我们对金钱的感受。在此类围绕金钱的根深蒂固的问题——一位女性与一位男性之间以及全体女性与全体男性之间——得到解决之前，金钱要么是盲区，要么就是人们关注的焦点，无论在我们与金钱的关系上还是彼此之间的关系上都如此，从最亲密的关系到生活、工作与国家政策等公共领域都如此。

在我们的信仰与世界观中，存在着一些"金玉良言"，我们完全可以将它们重写，加入新的洞见与启发，帮助我们重建与金钱的坚实关系：

金钱如流水，它可以成为实现承诺的渠道，成为爱的流动。
服务于我们最高承诺的金钱之流能够滋育这个世界，滋育我们自己。

欣赏创造价值。

运用既有资源创造不同，既有资源的价值也会得到扩展。

合作创造丰盛。

真正的丰盛源自于"足够"，而不是对"更多"的追逐。

金钱承载着我们的意愿，如果我们以一颗正直之心运用它，它就会将这种正直的能量传播出去。

了解金钱之流，对自己在这个世界中使用金钱的流动方式负责。

让灵魂指导金钱之流，让金钱之流来彰显灵魂的愿望。

认知并运用自己的资产——不仅仅是金钱，也包括品质与能力、人际关系以及其他非货币资源。

言谈话语塑造了我们的生活环境，而我们每个人都拥有改变谈话内容、创造新话题的能力。谈话的"杠杆"与"刻度盘"都在我们自己手中。只要我们带着充裕感来聆听、谈论与响应，就会在与金钱及人生的关系上获得自由与力量。

人类必须张开双手，接受、给予与碰触另一双手；人类也必须敞开心灵，接受、给予并碰触另一颗心。这种开放与互动以及敞开的手与心不仅将我们与他人连接在一起，也将我们与内在的充实与充裕连接在一起。

第十一章
创造"充裕"的遗产

你度过的人生，就是你留下的遗产。

母亲即将离我们而去。她今年87岁，5月份被确诊为癌症晚期。医生说她还有几个月的时间，她自己也知道确实如此。她决定在仅剩的这段时间里，好好地活在当下的每一刻，欣赏自己的房屋、花园、家庭以及她这一生中所熟悉与热爱的人与地方。

她有四个已经成年的孩子。我们四个的住处离她位于棕榈泉（美国加利福尼亚州南部的旅游城市）的家远近各异，不过我们都经常去探望她，并轮流住在那里，陪伴她。随着时间的流逝，我最终决定在她那里多住一些日子，陪她度过这一生的最后一段时光。与她一起迎接死亡，这对于我、我母亲以及我的家人来说，也是一个独一无二的机会，帮助我们彼此之间建立更深层的关系。多年以前，在我13岁生日的前一天，我的父亲因心脏病突发在睡梦中去世。在此之前，他从未生过病，而且他还那么年轻，才51岁。不过，就在那天晚上，我们大家都像往常那样上床睡觉；第二天早晨，我们也都像往常那样从睡梦中醒来，只有他除外。突然失去亲人，我们震惊、悲痛，家中的气氛降至冰点。

因此，能够与母亲共度她这一生最后的几个星期或几个月，这对我来说是上天的赐福。这也是一个机遇，帮助我更深刻地了解生命本身的意义，使我看到死亡并不仅仅是突如其来的"失去"，也可以是一个逐渐接近终点的过程，而这个终点更增强了我们活着的感受。

在走近死亡的那些日子，母亲与我几小时几小时地谈论生命，谈论她的一生。我们一起回顾她丰盛的人生，并看到，在生命之烛即将燃尽之时，检视自己一生中所得到的福佑与赐予，以及所经历的痛苦、磨难、失望、遗憾与错误是多么的重要。那些痛苦的记忆和创伤似乎就紧靠着记忆的闸门，无论经历了多少年的时光，人们总能不费吹灰之力地忆起它们。然而，母亲一生中所得到的福佑、取得的成就还有那些美好的时刻才是她真正想要回味的。因此，我们专门拿出一个星期的时间来做这件事。她想要挖掘记忆的深井，尽量将那些因忙碌而忘却的经历都唤至表面，并以此作为自己人生的终点。

一天，我们谈到她在金钱方面的生活。那时，她还能在椅子中坐一会儿，也能推着助步车走一走。那是一个阳光明媚的日子，我们一起坐在院子里，怡人的清风徐徐吹过，携着缕缕花香，花园中的花朵竞相绽放，风景怡人。她告诉我，她自己也曾经是一个颇有成就的募捐者，我继承了她的事业，她为此感到骄傲。她说，她那时候的募捐不同于现在，因为那是一个不同的时代，一个女性纷纷参加各种妇女辅助队（1942年5月，美国陆军设立了陆军妇女辅助队，旨在让妇女执行维持本土安全的任务。同时，美国海军成立了妇女预备队。随后，又成立了海军陆战队妇女预备队和海岸警备队，但只让她们在战时执行国内任务。——译者注）的时代，那时，富裕人家的女性几乎都必须参加慈善活动。对于一些人而言，进行"慈善工作"则是身份与社会地位的象征。她承认，这其实也是她最初参与慈善工作的动机。不过，现在回想起来，付出自己的时间与精力来组织募捐活动，这一机遇是她人生中最美丽、最重要的经历之一。

她还记得自己的第一个募捐项目。那时她是一位年轻的妻子与母亲，30多岁，住在伊利诺伊州的埃文斯顿。她为当地的一个慈善机构举行募捐活动。这是一个社区机构，负责收养婴儿，开设育儿院收留那些无父母或者被遗弃的婴儿，并提供场所供他们未来的父母来看望他们。

现在，50多年过去了，她依然能够清楚地回忆起那次募捐活动，一切就好像发生在昨天一样。她还记得当自己承诺要募捐25000美元供这家机构扩建育儿院与办公室时自己心中的感受。那时，这简直是一个天文数字，一个几乎无法实现的目标。我母亲那时还很年轻，也没有什么经验，根本不知道该如何着手，不过总得有人负责这一项目，于是她就成了负责人。

我母亲和她的团队组织了各种活动来募集资金。她们烘烤食品进行义卖，销售二手衣物，组织花园游览活动，并通过一系列小型的募捐活动来筹集资金。

那时，向个人募集资金的方式并不像现在这么直接，不过她们通过各种活动筹集到的资金越来越多。在募捐项目进入尾声之际，她们已经接近目标，仅差5000美元了。母亲对我说，她将筹集到这最后的5000美元看作自己的个人责任。也就是那个时候，她才真正地开始从心灵层面上了解慈善事业，她意识到，有许多曾在这个社区机构领养婴儿的人，如果他们得知自己的金钱能够帮助其他夫妇实现领养愿望，一定很愿意捐款相助。在这一洞见的启发下，她拿到那些父母的名单，给他们打电话，希望能够一个接一个地约见他们，请他们赞助一些钱。这些父母解囊相助，有的捐款500美元，有的捐款250美元，直到凑足了所需的钱。她用这种方式募捐到了最后的5000美元。结果，她们甚至超额完成了任务，一共筹集到26133美元。

她说，这次募捐活动使她认识到，这个世界上的每个人都希望创造不同，都希望自己及他人能够过上健康、丰盛的生活，而捐助金钱，或者说以经济方式参与，是创造不同的最非凡、最有力的方式之一。她还说，她与每一个家庭的会面都是令人难忘的亲密互动，她知道，自己对他们的要求也是赋予他们的礼物。

就这样坐着闲谈，我们意识到，那些受到这次募捐活动影响的家庭，无论他们是捐款之人，还是后来去那栋新楼领养婴儿的人，这一影响对他们来说是终生的。然后我们又想到，那一时期被领养的婴儿现在是50岁左右，他们被那些爱他们、想要他们的家庭领养，并在这样的环境中长大。如今他们很可能也已经为人父母，或许他们中的许多人都已经是祖父母了。这些昔日的婴儿不仅传承了家庭，也传承了爱。我们满心惊讶地发现，她当时募集到的26133美元，现在依然影响着那些早已成年的婴儿、他们的儿女以及孙辈们。如果你为自己的最高承诺——此处，我母亲的承诺是让孤儿获得关爱与照顾——而募捐，那么这些经济资源会不断地结出硕果，一次又一次地达成你赋予其中的意愿。我们想到新楼建成后被收养的那些婴儿，她将每一个婴儿都看作在她的帮助下那家社区机构所留遗产的一部分。我们被这个想法深深地打动，也为这笔金钱——为创造不同而募捐与捐献的金钱——所拥有的强大力量而感动。

在另一次谈话中，她回顾了自己一生中所组织的主要募捐活动，她曾经为许多机构与项目筹集资金，诸如博物馆、一个世界性领养机构、社区交响乐团、男生俱乐部、女生俱乐部、美国西部土著居民的福利项目、布莱叶学院（旨在为盲人服务的机构，布莱叶是法国盲人教育家、盲文点写法的发明者。——译者注）、动物收容所、言语治疗所、附近的临终关怀中心（现在那里的工作人员也在照顾她）、生态学研究营地、将部分沙漠恢复成自然栖息地的项目、开辟山中小径所需的营地……她列举了一个又一个的项目，一个又一个的组织，这时她意识到自己所筹集的资金或许已经有数百万美元，这些资金激励了许多人，并依然为更多的人服务着。

尽管这些钱早在数年前便被花完，但现在，它们依然以各种各样的方式继续发挥着作用，甚至也在直接为她服务。她的曾孙们曾在那些山中小径上走过，临终关怀中心的工作人员正在为她与她的家人服务。她的慷慨以及她为社区所创造的财富是一种投资，现在她正在得到回报。她所募集的金钱会永远起作用，永远不会用尽，会一直回报给每一个人。意识到这一点，我们两个既感慨又悲伤。

几天后，她说想要感谢在她的日常生活中起着重要作用的人，尤其是那些对她非常友善的人。她将这些人际关系看作自己所拥有的丰盛财富，并想让这些人知道她是如此珍视与感激他们。她取出电话簿，找到电话号码，让我给干洗店打电话。电话通了，她接过话筒，要求与经理说话。店员去叫经理，母亲静静地等了一会儿，然后开口说道：

"肯，我是泰妮夫人。我已生命垂危，可能将在9月份去世。我刚刚与女儿谈起所有那些使我生命的最后一段时光变得如此有意义的人。过去的20年，你们一直为我洗衣服，你和你的店员们一直精心地照顾我，为我服务。我很感谢你们。我想告诉你，当一个人老了，再也无法很好地照顾自己的时候，周围那些为她提供此类服务的人就进入了她的生活，为她带来快乐。我想请你参加我的葬礼，就坐在我家人的后面。请把你的地址与电话号码给我的女儿,这样她到时候就可以邀请你来参加葬礼了。"

她又与在店中工作的玛茜和苏珊通了话,告诉她们同样的事情,并详尽地讲述了自己是多么感激她们。接着,她打电话给汽车维修店,与那位帮她维护汽车的人通话。我们给药店、送货的男孩、她最常去的商店里化妆品柜台的女售货员都打了电话。我们还打电话给她最喜欢的饭店——一家主营法国菜的小餐馆,她与店主以及她最喜欢的服务员玛汀通了话。我的母亲告诉他们所有人,认识他们是她的荣幸,他们的服务是多么细致、周到。我们拨出一个个电话,给她的理发师、按摩理疗师、美甲师,还有日用品送货员。

每一次谈话都非常令人感动。接电话的人都有些惊讶,他们还不习惯听到别人如此赞扬他们的工作,而且这些赞誉还来自一个即将辞世的人。我记下了每个人的名字与地址,以便到时邀请他们参加我母亲的葬礼。

接下来,我们开始将她留下的钱财分给她的11个孙子、孙女与3个曾孙。虽然数额不多,但她希望尽早将这些钱给他们,以便他们能够告诉她将如何使用这笔钱,这样她也就能够与他们分享快乐了。

我们点燃祈愿蜡烛,开始进行分配。我们把摆在房子各处的照片收集起来,然后,她一个个地将每个孙子或孙女的照片放在面前,开始讲述他们每个人的特殊品质与人生旅途。她看着他们的照片,满眼含泪地诉说她对他们的爱,以及他们每一个人又是多么独特,她是多么珍爱他们,他们是上天赐予她的礼物。然后,她为每个人分别写下几句话,再填好支票,我们将它们放在信封中,准备邮寄出去。每一个孩子需要半小时的时间,一共11个孙子孙女与3个曾孙,我们用了整整三天时间完成了分配工作。这几天过得丰盛又充实。她的注意力非常集中，仔细认真，深入思考，这消耗了她许多能量，她显得有些体力不支，需要休息一下才能在第二天继续下去。

最后，在对每一位家庭成员都表示了感激之后，她开始回忆其他事情，包括更多能够展示她多年以来如何将灵魂品质带入金钱生活的事情。她想起许多自己曾经捐助过的慈善机构与社区服务机构，她还曾多次借钱给一些人，即使她心里清楚他们永远也不会把钱还给她。她觉得这些钱被用在了善处，对此没有丝毫的后悔。自己有能力这样做，这使她感到荣幸与满足，她觉得自己的一生很美好，这一生没有白过。

接下来的一周，我们查看了之后几个月的看护费用以及葬礼的花销，确保能够支付它们，这样就无须其他人再来担负这些费用了。

她这一生没有攒下多少钱，她为此感到骄傲。萧伯纳曾经说："我希望在离世之际，已经用尽了自己所拥有的一切。"我的母亲真正彰显了这一理念。她说，她不仅用尽了自己的身体，也用尽了上天赐予她的全部财富资源。她尽可能地运用了自己的一切，包括自己的力量与物质财富。在人生的尽头，她用仅剩的最后一点资产来欢庆与表达她对大家的爱。

当然，我的母亲也经历过阴霾满天的日子，那些身心痛苦的日子，那些她心情不好、对大家生气的日子。然而，在人生的终点，她做完了一切，为自己的人生画上了一个圆满的句号。记得当时我想：天啊，多么神奇的结局，多么神奇的人生！最后几周里，她让我清楚地看到，受福佑的金钱——承载着正直的能量与良善的意愿的金钱——具有永恒的力量，爱具有永恒的力量。这也是她留给我们的一部分遗产。

创造"充裕"的遗产

还记得，她去世后的几分钟，我来到她所在的房间。我能够感到她的灵魂已经离开，她的身体已不再有生命力。她已经不在自己的身体里，然而，我在房间中却明显地感受到她的能量，感受到她的精力、她的力量、她的慷慨、她的爱。她的能量依然在那里，在房间中。还记得，我当时清楚地感到，我们的遗产就是"意愿"——我们通过自己的行动、与他人的交流、进行的谈话、人际关系以及各种表达爱的方式来彰显现实的愿望。借由金钱这一神奇的工具，我们能够展现真正的自己，并触动这个世界。

　　大家都来参加葬礼，除了家人和亲近的朋友，还有我们电话邀请的所有人：干洗店的人、修车工、送货的男孩……每个人都来了。那些人为她提供服务——她花钱购买的服务，然而，他们也同样觉得自己已经融入了她的人生，因为她允许他们融入。

　　她向他们表达了自己的赞赏与感激，我知道，直到现在，这依然影响着他们的人生。他们的人生被触动，只因我母亲生前拨打了几个简单的电话；她的孙子孙女都得到她生前赠给他们的一小笔金钱——带着她的祝福，而她也开心地听到他们将如何使用这笔钱。时至今日，她已经去世多年，然而，她的金钱与她的爱依然在起作用，而且也将继续持续下去。

　　我母亲留下的一部分遗产是：她运用金钱的方式以及对"生命之充裕"的认知。对于那些她认为重要的工作，她为它们募捐或捐款；她为家庭成员们留下离别的馈赠；她对周围那些为她提供服务的人表示真诚的赞赏与感激。这一切使我深深地认识到，一个人能够为他人的生活带来如此大的不同。我也认识到，我们借由金钱建立起来的连接可能远比我们想象的要深刻得多，这是因为，我们的行为完全发自于内心，而我们的金钱则彰显了这颗心——我们真正的财富。母亲并不是女富豪，但她带着一颗热忱与慷慨之心，参与他人的生活与工作，用自己的时间、能量和金钱来滋育他人，从风华年代起，直到优雅地辞别人世，都是如此。

"金钱意识"的遗产

我们每个人都希望能够留下健康的家庭、子孙的兴盛以及一个充满活力、滋育生命的地球。我们所创造的最恒久的遗产，不是留给子孙后代的物质财产，而是我们的生活方式，尤其是我们对待、运用金钱的方式。

你想为后人留下什么样的遗产呢？无论你囊中羞涩还是腰缠万贯，你都能够创造不同，都会留下遗产。运用金钱来创造不同并不是说你必须拥有很多金钱，必须是一个公众人物或者制定法律的人，必须出现在奥普拉的节目上，或者为你最欣赏的大学留下一笔基金。我们每个人都在透过自己的生活方式来创造遗产，我们以各种各样的方式创造"充裕"或"匮乏"的遗产，尤其是在我们与金钱的关系上。我们可以不顾一切地索取与耗费，囤积死守；也可以滋育、分享与分配，并有意识地运用金钱，贡献自己的一份力量。

我以前一直认为，能够继承一大笔财产的人实在是好命，从此以后再也不用为钱发愁，不用再关心钱的事，甚至连想都不用想，只要知道自己家财万贯就是了。"多多益善"的迷思影响深重，人们很难相信"拥有更多"竟然会出问题。然而，事实却屡屡证明了这一点，我在多年的工作生涯中，听到、看到许多诸如此类的事情。

在最近的一次会议上，一位年轻、金发、精力充沛的26岁女子为几位财产继承人，还有我，讲述了自己的故事。她乞求父亲不要留给她巨额资产，就在她提出乞求的那一周，她的父亲还是以信托的方式转给她3000万美元。这些钱使她濒于崩溃，她觉得自己无法承担起这份责任，感到既迷惑又沉重，害怕人们知道此事以后会忌恨她或者利用她。她父亲为了赚钱所从事的工作已经毁坏了她的家庭，兄弟姐妹分离，父母离异，人们嫉妒与羡慕，她不想与这一切有任何干系。她觉得所有那些负担、罪恶与怨恨都随着这些钱传递到她的身上，令她难以承受。

多数人会对巨额遗产往往带给人们痛苦与忧伤感到惊讶。当然，也有例外，例外之人就是那些努力消除"过剩"与"特权"影响的人。与我们想象的恰恰相反，巨额财富并不一定是令人开心的遗产。

在金钱资源稀少的国家与地区，还有那些过于看重金钱的人生中，就人们与金钱的关系而言，最具破坏力的一个面向就是留下"贫困精神"的遗产，这种精神使得人们相信金钱不仅能够决定他们是什么样的人，还能够决定他们想要成为什么样的人。其实，无论是在资源最稀少，还是在资源最丰富的环境中，我们都能看到，能够生存并兴旺发达的人，正是那些能够运用其他的、更深层的资源来创造有意义人生的人。

创造遗产：塑造"充裕"的人生

当比尔和我沉浸于我所谓的"塞壬之歌"时——那时我们的孩子还小，我们不仅没有陪伴孩子们，见证他们在最微小、最简单的事情中所体验到的神奇与敬畏，还因此错过了许多喜悦与滋育，并为他们树立了令人困惑的榜样。我们整日在外，忙着挣钱，努力加深别人对我们的印象，竭力追逐所谓"成功"的标志，并将我们的注意力甚至是信任全部放在我们从未质疑过的"金钱的力量"上，不知不觉地展示给他们对于一个"大人"而言什么才是最重要的。

如果不是因为巴克敏斯特·富勒还有后来的战胜饥饿项目，我们的生活可能会在这条并不健康的道路上继续发展下去。但是，我们很幸运，我们能够重新进入一个完全不同的境界，并开始重视"创造不同"，而不是"创造财富"。

在这一关键时期，巴克在我的生活与工作中都占据着中心位置。一天晚上，我们荣幸地邀请到他来我家共进晚餐。那时我们的孩子分别是6岁、8岁与10岁。比尔、我、巴克还有我们的孩子一起坐在餐桌旁。巴克常常被人们称为"未来的祖父"，他能来我家，与我们和孩子们一起享受一顿简单的家庭便饭，这真让人开心，也是上天赐予我们的礼物。进餐时，我8岁的女儿夏玫以孩子的语气与口吻说了一些深奥的话，就像许多孩子那样，用他们那天真的洞察力看到的深刻的真相。她的话语是如此的精彩，在座的三个大人——比尔、巴克和我——面面相觑，为这个孩子的智慧而折服。

随后，巴克所说的话彻底改变了我的人生以及我与孩子们的关系。他对比尔和我说："请记住，就宇宙时间而言，你们的孩子是你们的长者。他们进入的宇宙比你我所知道的更完整、更进化，我们只能透过他们的眼睛来观看那个宇宙。"

将我的孩子们看作"宇宙时间上的长者"，这是一个既奇怪又充满启迪的想法。对我们的孩子来说，现在所有那些引起公众关注的重大事件与科技进步都将成为历史，成为他们脚下的土壤，他们的梦想与努力会以我们根本无法想象的方式在这片土壤中生根发芽。然而，我们的孩子却能够而且已经知道该如何做。高速计算机、旅行和科学技术使得"国际大家庭"不再是一个抽象的概念或

创造"充裕"的遗产

者最新的科技前沿，而是不折不扣的现实。继承这样的世界对我们的孩子来说意味着什么？在一个以"充裕"为背景音乐、慷慨与合作为人类交往基础的世界中长大，这又意味着什么？

我看到，我们帮助他们的同时，他们也在帮助我们，当然，帮助的方式不同。尽管我知道孩子们教会我们很多东西，但我从未看到这一关于我们之间关系的深刻真相。它改变了我对所有事物的观点，不仅如此，我也开始透过他们——我的宇宙长者——来获得一个独特的、未来主义的、准确的、更加进步的世界观。

去聆听他们的思想就是在肯定他们的天性和智慧，而"欣赏"则能够使其获得发展并发挥作用。我清楚地认识到，我们对他们的欣赏就是对他们的滋育，由此他们能够深化自己那与生俱来的智慧，不再那么容易受到匮乏迷思的影响，也不再那么容易地受到力求"更多"——更多物品与更多金钱——的商业与文化影响。他们需要我们留给他们的遗产不是金钱，而是一种生活方式，一种使他们变得更有创造力与适应力的生活方式，一种使他们能够运用流经他们生活的金钱与其他资源来充分彰显自己的生活方式。

我刚刚参与战胜饥饿项目的那些年，我们家就像是一个热闹的港湾。到旧金山来玩的朋友住在我家，一位经历了痛苦的婚姻而刚刚离异、想找个地方静静疗愈的朋友住在我家，还有一位刚刚与癌症进行过一场殊死斗争的朋友也住在我家休养。战胜饥饿项目进行培训时，那些来自埃塞俄比亚、印度等国家的同事在我家一住就是几周。我还记得，当时来自印度的总负责人拉利塔住在书房，她的同事纳吉和沙丽妮住在客房；来自日本的浩史和詹尼特住在地下室里的游戏室；而来自尼日利亚的图德法凡瓦则裹着睡袋睡在钢琴下面。我的孩子们在这种不同文化背景的人来来往往的环境

改变梦想

中长大，他们与我们全家一起共度时光，分享食物与各种喜悦的时刻。我们的孩子都知道也说过，无论谁来，我们都有足够的资源与他们分享。

这种分享的经历不仅培养了他们的慷慨品质，也使他们体验到了什么是真正的富足：总有充裕的资源提供给所有来我们家的人。这极大地丰富了我们的人生。分享就是加强，而且你与他人分享的东西会作为你真正的遗产永远存在下去。

我们随时都有失去这种遗产的危险，我们的孩子也随时都有失去这种遗产的危险，他们自出生的那一刻起，就生活在这种充满商业气息的文化背景中。在广告与市场营销行业中，人们称其为"从摇篮到坟墓"的营销方式，这是一个经过深思熟虑的策略，旨在尽早将孩子们拉入"消费者"的行列，播下匮乏谎言的种子，并传播与加强"多多益善"的迷思。

"新美国梦中心"是一个受人尊敬的社会活动与消费教育机构，它指出："如今的孩子们越来越多地受到电视广告、广告标语、广告牌、商标以及植入式广告的影响……广告商以前所未有的规模公开地取悦孩子们，并争先恐后地培养孩子们的品牌忠诚度，从一个孩子足够大，能够分辨公司商标或唱出产品广告歌的那一刻就开始了。广告商之所以大举进攻孩子们，其目的正是为了播下'超级消费主义'的种子。"

在这种喧闹的每周7天、每天24小时的消费商业文化中，教会孩子们认知几乎得不到承认的"充裕感"是相当困难的一件事。然而，这却正是他们获得充实与幸福生活的关键。孩子们的心中天生就充满了神奇与敬畏，在他们眼中，这个世界充满了喜悦与可能性。在爱与接纳的环境中他们能够茁壮成长，并带给我们美丽的礼物：他们的快乐、嬉戏的天性以及他们对"可能性"

的自然感受。

在消费者文化不断驱使孩子们去要、去买他们并不需要的东西的情况下，我们该如何引导他们与金钱建立真实的关系呢？如何鼓励他们在这些诱惑面前依然正直地生活？我们能够教育他们，告诉他们匮乏感以及匮乏迷思的偏误，并为他们示范"充裕"的境界。

"新美国梦中心"为我们提供了下面这些实用的建议：

> 帮助孩子了解每一样产品都是用取自地球的材料制成的，并不是说，在收走垃圾的那一刻，这些物质材料就随着消失了。
>
> 让孩子了解人们是如何处理那些东西的。如果我们大量消费塑料、包装结实的商品以及易坏的产品，就会为后人留下沉重的负担。
>
> 尽量寻找、使用对地球生态有益的产品，那些经久耐用、由可生物降解或可回收利用的材料制成的产品。
>
> 做出表率，不冲动购物，尽量不使用对地球极具破坏性的产品。
>
> 多让孩子接触能够加强这些理念的书籍与阅读材料。
>
> （详见附录中的推荐材料）

要让孩子们知道，花钱、负债、积累与索取的"塞壬之歌"是我们文化中不健康的一个面向，他们无须成为这一文化的受害者。他们也应该知道，有时周围环境的诱惑力确实很大，但他们远比这些诱惑更加强大。

要开放地检视自己如何运用流过人生的金钱，看一看自己的行为是否有助于全人类过上丰盛、公平、具有可持续性的生活。与孩子们分享这一自省、深思以及做决定的过程，邀请他们说出自己的想法。

作为留给后代的遗产，比任何额度的金钱都更有价值、更有意义的是，帮助孩子们与金钱建立健康的关系。为他们留下"金钱流入流出，金钱应该流动，能够将金钱导向自身最高的承诺是自己的荣幸"的理念；用自己的亲身经历为他们留下"只要转而欣赏自己的内在资源，就会拥有面对外在挑战与机遇时所需的一切资源"的信念；为他们留下真实的体验，体验到什么是真正的财富，体验到"充裕人生"的美丽以及它带给人们的安全感。在充裕的人生中，人们尊重彼此之间的关联性，并以之为荣耀，互相鼓励，互相支持，互相分享，而不是一味地积累金钱或物品。

哈扎地纳亚特·可汗的一首苏菲派（Sufi，伊斯兰教的神秘主义教派。——译者注）诗作为我们提供了一个有益的视角。

我祈请力量
上帝赐予我困难，让我变得坚强。
我祈请智慧
上帝赐予我问题，让我学着解决。
我祈请兴盛
上帝赐予我头脑与肌肉，让我工作。
我祈请勇气
上帝赐予我危险，让我去战胜。
我祈请爱
上帝赐予我需要帮助的人。
我祈请恩惠
上帝赐予我机遇。
我没有得到任何我想要的东西。
我得到了所有我需要的东西。

无论我们是否有孩子，我们创造的遗产就始于家中，不过它也会延伸至工作场所与商业环境。在那里，我们有机会用基于可持续性原则的商业、管理与经济哲理来取代在"匮乏思想"的驱使下，不惜一切代价追逐利益的心态。

在菲泽酒庄，保罗和他的同事们创建了既能维护地球生态及地球资源，又能酿造出美酒琼浆的经营方式。他们的葡萄酒频频获奖，公司也获利甚丰，蓬勃发展，创造了一个全球性的商业酿酒新模式。作为一个企业领导，保罗的个人愿景与行动正在为他自己的企业以及所有追随他的企业创造"充裕"与"丰盛"的遗产。

许多人在他们的企业与个人工作方式上都遵循这些原则。可持续性最终是为了保证每个地方的每个人以及未来所有的人都能够过上充裕的生活。匮乏的迷思从遥远的过去开始就一直是人们代代相传的遗产。而以身作则，做出具有可持续性的选择，则是我们在企业经营、抚养子女以及领导力等方面留下"充裕遗产"的方式之一，现在，这一"充裕遗产"正在积极地改变我们的世界。

我们所购买的物品、进行的投资、送给他人的礼物以及我们资助的人与事都能够塑造我们的世界。"充裕原则"使我们看到深刻的真理与核心价值，并运用它们挑战"匮乏"与"短缺"的迷思，播种一个充满自由、个性与满足感的未来。

伟大的未来学家与科学家威利斯·哈曼说过："社会能够赋予一样事物合法性，社会也能够拿走它。"我们完全能够消除匮乏迷思的"合法性"。

无论有多少金钱流经我们的生活，我们都能够以一种"肯定生命"的方式来运用金钱，而不是互相争夺以获取更多，也不是执着于我们在金钱面向上的起落。

我们能够从匮乏转化为充裕，从抱怨转化为承担使命，从羡慕转化为感激。

我们能够借由自己所表明的立场，借由言谈话语的力量，借由有意识地关注自己将留下什么样的遗产改变梦想。

我们所有人都身处金钱之流中，都有引导其流向的机会。我们每个人都能在金钱之流中找到自己的充裕，找到自己的兴盛，找到『足矣』的感觉，找到自己的富足。

第十二章
逆转潮流

远处传来轻柔的哼唱，那是人类觉醒的声音。在这个关键的时刻，我们看到了地球所拥有的可能性，听到了来自祖先与后代的呼唤——呼唤我们觉醒。

——逆转潮流联盟

"你与我的世界"已然存在

20世纪70年代末期，我首次听到巴克敏斯特·富勒描述他关于"你与我的世界"的愿景。在这个世界中，我们所有人都知道并切身体验到"充裕"这一事实，我们拥有足够每个人使用的资源，没有一个人会被淘汰出局。那时，这一愿景已经是颇为现实的期望，因为正如他指明的那样，这个世界确实拥有足够的食物与资源，足以满足每个人的需要。他说，我们所面对的挑战是，我们所有的结构体系——政治、政府、健康保障、教育、经济尤其是金钱体系——都基于匮乏观念，且以"资源根本不够满足所有人的需要，有些人将被排除在外"的信念为指导。

巴克预测，我们需要20到50年的时间才能打破那些基于匮乏信念的错误体系与结构——"你或我的世界"。他警告大家，这一过程中可能会出现混乱、困惑甚至是排山倒海式的巨变，不过，一旦转变发生，人类就会进入一个全新的世界。在这个世界中，我们珍视自己所拥有的充裕资源，带有智慧地运用它们，生活在一个所有人都拥有充裕与丰盛的环境中，生活在"你和我的世界"中。

这是一个转变剧烈、令人心悸的时期，而金钱则或明或暗地与世界上每一个冲突、灾难与危机以及我们生活中的每一个面向都有着千丝万缕的联系。尤其在与金钱的关系上，是一个紧张且充满挑战的时期。我们担心自己会失去工作，害怕在经济低迷、就业市场萎缩的情况下无法找到新的工作；我们担心自己没有足够的金钱供房、养家、支付孩子的教育费用；担心自己退休后没有足够的金钱养老。我们担心自己的国家将生命与金钱都投入到战争中；担心恐怖主义离我们越来越近；担心各种安全措施的花费呈螺旋形上升，而各种投入和花费的结果却令人失望，因为我们并没有因此而感到更加安全。

这个世界在许多方面都比我们愿意看到的更加糟糕：恐怖主义、战争、暴力、复仇与惩罚不断折磨着我们生活的地球，许多物种以前所未有的速度走向灭绝，燃烧矿物燃料使气候变得越来越不稳定，贫富差距越来越大，腐败与贪婪日渐猖獗，愈演愈烈，甚至那些本已拥有超量金钱、资源、权力与特权的人亦如此。

与此同时，这个世界也比我们所能想象的更好。数亿人都有工作，他们看到自己所面对的挑战并在各个层面上勇敢地接受这些挑战。无数个组织与机构如雨后春笋般在世界各地涌现出来，为全人类乃至全体生命的基本需求奉献出自己的一臂之力。地球上每个国家的民间团体与公民活动都比以往更加活跃与兴旺。互联网将数亿人随时随地连接在一起，人们或直接或间接地体验到彼此之间的内在连接，这更为人们前所未有的合作与互助打下了坚实的基础。信息大爆炸唤醒了我们与生俱来的连接感，使我们认识到彼此之间的内在连接，并使得我们能够就影响到每个人的重大事件进行全球性的对话。生态保护意识开始在全球每个国家、村庄、机构与居民中生根发芽。

在人权与性别平等方面我们也正在觉醒，尤其是女性的力量、声音与领导力在社会各个方面所起的作用也开始得到承认。世界上超过2/3的人生活在形式各异的民主政权下，对于自己的未来具有发言权的人，包括妇女与有色人种，在全球人口中所占的比例远超过历史上的任何时期。

灵性浪潮席卷全球，心灵能量明显地出现在人们的日常生活、工作单位与个人家庭之中，以及那些追求人生智慧——"该如何生活、如何存在"的智慧——的人们的对话中。越来越多的宗教团体认识到"多样性"这一上天赐予的礼物，并开始教导人们要尊重他人的信仰。帕恰玛玛联盟与其他组织及合作者一起，正在卓有成效地保护原始热带雨林及其居民，也因此，土著居民们开始融入当代社会，将深植于自然法则的古老智慧带到各种大会以及全球的决策者参加的理事会中。

有别于常规医药的具有替代性与补充性的药品现在也得到了美国人民的接纳与欢迎，人们开始以崭新的目光看待来自世界各地的传统疗愈方法。在许多国家，各种替代性与补充性的支付方式，从物物交换到复杂的经济资源互换，使得人们能够以传统金钱体系之外的方式分享各自拥有的财富。

战胜饥饿项目及其理念在25年前尚被人们嘲笑，现在则成为许多慈善事业与项目的典范模式，它们鼓励人们自给自足、自力更生，支持人们设计与创造自己的未来。1977年时，每天有41000人死于饥饿，现在令人痛心的饥饿统计数字已经减半，变成每天少于20000人。尽管世界人口不断增加，这一统计数字却在稳定地持续减小。我们确实在不断地进步。

大型石油公司，比如壳牌石油与英国石油公司，重新将自己命名为"能源公司"，并计划在30年之内实现"不再开发矿物燃料，将重心完全放在可再生能源上"的目标。

全球性的青年积极分子协会，诸如"青少年生态健康协会"（Free the Children and Youth for Enviromental Sanity）与"变革先锋"（Pioneers of Change）等成百上千个组织，正在激励与促进全世界的年轻人创建全新的思维方式与领导力，面对就在我们眼前的挑战。

正如保罗·雷和雪莉·安德森在他们那影响深重的著作《文化创造：5000万人如何改变世界》中所写的那样，数百万的人"已经拥有一个崭新的世界观……这是人类文明史上的一个重大发展。改变世界观意味着改变自己对'什么才是真实的'的看法……改变自己的价值观——自己更看重哪些事物；改变生活方式——运用时间与金钱的方式；改变谋生的方式——赚取金钱的方式。"

这不仅仅是一个简单改变的时期。这是一个大蜕变的时期，这一大蜕变的动力不是"匮乏感"，而是机遇、责任与充裕感。引用远见卓识的本体论思想家华纳·爱哈德的话就是，"转化并非否定之前曾经发生的事情，而是使其得到实现。创造一个所有人都能够安居乐业的世界并非仅仅是我们在人类历史上迈出的一步，这也为我们的历史赋予了重要的意义。"

当我们谈论各自经历的阻碍与挑战、机遇与可能性时，我们所进行的工作的本质，以及每个人所进行的工作的本质，也就更清晰地呈现在我的面前。正如一位同事所说，我们这一时期的工作是妥善地处理那些并不具备可持续性的旧有体系与结构的死亡，并帮助可持续性发展的新体系与新生活方式。处理那些业已走到尽头的、不具备可持续性的旧有体制并不是扼杀它们，而是带着慈悲与爱见证它们的瓦解，然后带着慈悲与爱来佑助那些支持可持续性生活方式的新结构、新体系、新境界与新建构的产生与发展。这些可持续性的生活方式基于一个全新的世界以及人们对这一世界的理解与认知，在这个世界中，资源充裕，我们所有人都能够体验到丰盛，通过合作与互助，而不是以他人为代价来体验丰盛。我们与金钱的关系可以成为这一大蜕变的起点，我们能够同时拥抱金钱与灵魂，与金钱"积极地共存"。正如我的朋友、职业投资家、慈善家艾伦·斯利弗卡所说："这是一个将我们的有形资产与无形资产融合在一起的问题。当我们有勇气看到这些可能性时，我们确实有机会以完全不同的方式来运用金钱。"

我的"金钱与灵魂"之旅

在服务于自己最高承诺的过程中，当然，我从未想过自己能够做出如此大的承诺，我的募捐之旅以及所进行的社会活动使我广泛地接触了各种文化。不仅如此，它们也使我深刻地体验到自己与人生的关系、自己与金钱的关系，以及与那些正在调整自己与金钱关系的人的互动，为我提供了一个机会，使我了解到一些关于金钱的普遍真理。我们所有人在金钱方面的奋斗与挣扎使我深受触动。现在，我清楚地认识到，我们遭遇的残酷生活现实也能够成为我们进行灵性修习的场所，我们能够将流入自己人生中的金钱作为彰显我们的意愿与正直的工具。

我第一次捐款给战胜饥饿项目时，这一举动重新调整了我的价值观。我的金融生活也开始变得与我内心深处的"自我感"和灵魂愿望协调一致。不仅如此，我也开始体验到与任何数额的金钱与财物都毫无关系的丰盛，我的内在真切地体验到这种一致性，而我正是通过运用金钱做到了这一点。这也是我的内在逆转潮流的地方。我自己曾经运用金钱来不断地积累、消费并利用艺术品、葡萄酒及其他物品来突出自己的重要，也看到他人这样做；现在我却还是运用金钱这个工具来表达我对人们的爱以及对生命的肯定，来与他人分享我内心深处的梦想。当初意识到这一点时，我真是倍感惊讶。一旦被称作金钱的工具与我的灵魂愿望相一致，丰盛、喜悦与充裕感就立刻洋溢在我的生活之中。彰显灵魂愿望的不是金钱本身，而是我们运用金钱的方式。

这对于每个人来说都是可能的，不仅在个人层面，在家庭层面、文化层面与社会层面都如此。丰盛的源泉在于使金钱与灵魂愿望、与我们最深层的梦想和最崇高的志向相一致，而不是拥有更多的金钱。以这种方式运用的金钱能够将我们与生命的整体连接在一起，如此这般，金钱也不会成为使我们彼此分离的工具。而且，每个人都能够获得这种丰盛，无论他们拥有大量、中等还是较少的资源。

运用金钱来直接表达自己最深层的自我感是一件神奇有力、不可思议的事。这是一种修习，也是我需要学习的课题。我浪费金钱，购买"制造问题"而不是"解决问题"的产品；我为金钱感到激动，也为金钱感到失望，并在金钱问题上出现过沮丧与矛盾。然而，我也正走在一条觉醒的道路上，正在进行一种修习。我借由这本书与你分享这条"金钱之道"，因为我相信这在我们生活的这个时代是非常有用且重要的。我看到我们之中越来越多的人开始觉醒，认知自己的更高承诺，并开始关注自己的生活方式。我衷心地希望，这本书能够为正在我们身边上演的觉醒过程做出一定的贡献。

认知"我们拥有足够的资源"以及由此产生的宁静感，并非否定数百万人或者说整个社会的极大需求。我每天的工作都是面对这一问题。然而，对于"资源足够"的基本理解使我不仅在工作上，也在私人生活中，都能够以一种随时都会创造新关系与新机遇的方式面对各种挑战与问题。

因此，我将它呈献给大家，希望每位男性与女性，每一天，都能够以这种方式处理与金钱的关系。金钱之流无处不在，它流经所有的（人际）关系，无论对方是我们的父亲、母亲、丈夫、妻子、姑婶、表兄妹、朋友、雇主或雇员，都是如此。金钱从未真正地"缺席"，我们能够将它作为一面镜子，并从中看到我们真正是谁，以及我们拥有什么样的立场。

我也邀请你过一种更宏大的生活：当你真正关注自己所拥有的一切，不再试图去积累更多，就会过上比仅仅是"获取"与"拥有"更宏大的生活。每个人所希望的都不只是"自己过上美好的生活"，而是大家都过上美好的生活。只要你意识到"资源足够"，就会看到、触及这一可能性，这是你转变观念的自然结果。这对我来说如此，而且我亲眼看到，这对世界上许多其他的人亦如此。

蛹与蝴蝶

我们在金钱方面上的奋斗与挣扎，以及所有那些紧张、恐惧以及随之而来的"过剩"，在大自然中也有类似事件。进化生物学家伊丽莎白·萨托瑞斯说，蝶蛹在其生命的某一阶段，忽然变成一个贪婪、过度消费的暴食者，吃掉它所能看到、碰到的一切食物。在这个阶段，它能够吃掉是它体重几百倍的食物。它吃得越多，身体就越臃肿，行动越迟缓。就在蝶蛹发育过剩的时候，它体内开始滋生成虫细胞。成虫细胞是一些特定的细胞，它们数量很少，然而，一旦它们互相连接起来，就会成为蛹化蝶的基因主导者。就在蝶蛹暴食之际，成虫细胞引导过度消费的蝶蛹在体内进行转化，变成一包"营养高汤"，并借此创造出化蝶的奇迹。

当我第一次听说蛹与蝴蝶的故事时，就深深地喜欢上这个比喻，因为它为我提供了一个看待、理解当今世界的方式——即使它的贪婪也是进化过程中的一个阶段。这一比喻实在是太适合我们这个时代了。我看到许多备受激励、全心全意、才华横溢的人正在以各种方式修复、滋育这个世界，家中、社区里、能够可持续性发展的企业中，他们的身影无处不在，遍布世界各个角落。在我眼中，他们就是促成我们这个世界转变的成虫细胞。成虫细胞就是我们，是我，是你，是我在本书中所描述的那些人，是那些赞赏他们的人，是那些创造新方式、看到新机遇的人。

不具备可持续性的结构体系在商业、经济、政治与政府中的崩溃，比如近年来美国世界通信公司、安然公司和泰科的倒闭，以及企业腐败事件的频频曝光可能是贪婪的蝶蛹转化为"营养高汤"的开端，而美丽的蝴蝶即将奇迹般地破茧而出。

在这个充满混乱与冲突、暴力与报复的世界中，我相信有数以百万计的人已经担负起使命，我们不仅是为了创造微小的改变，也是为了大蜕变，为了创造出蝴蝶的奇迹。我们或许依然是少数，但是我们遍布全世界，而且彼此之间有着紧密的连接，在塞内加尔、埃塞俄比亚、厄瓜多尔、阿富汗、法国、瑞典、日本和德国；在爱荷华、密歇根、纽约和加利福尼亚，甚至是好莱坞；在令人仰慕的职业还有平凡的工作中，都有我们的身影。我们是"隐藏的主流人群"，是这一生命系统的基因主导。如果我们继续保持彼此之间的连接，就会从这一贪食的蛹中创造出蝴蝶的奇迹。

我邀请你运用自己的金钱，借由每一美元、每一便士、每一次购物、每一张股票与债券来推动这一大蜕变。

我邀请你运用流经你人生的金钱来展示"充裕"的真相与境界。

我邀请你将流经你人生的资源导向自己最高的承诺与理想，导向你所支持的事物。

我邀请你将金钱看作人类共同的信托资产，我们都有责任以滋育与加强我们自己、所有生命、整个地球和子孙后代的方式来运用它们。

我邀请你为自己的金钱灌注灵魂的力量，让它来代表真正的自己，代表你的爱、你的心、你的言谈话语，代表你的人性。

附录：推荐材料

书 籍

Axelrod Terry. *Raising More Money: A step-by-step Guide to Building Lifelong Donors.* To order, go to www.raisingmoremoney.com.

Chopra Deepak. *Creating Affluence: Wealth Consciousness in the Field of All Possibilities.* Novato, Calif.: New World Library, October 1993.

Cooperrider David L., Peter F. Sorensen, Jr., Diana Whitney, and Therese F. Yaeger, eds. *Appreciative Inquiry: Rethinking Human Organization Toward a Positive Theory of Change.* Champaign, Ill: Stipes Publishing, September 1999.

Eisler Riane. *The Chalice & the Blade: Our History, Our Future.* Harper San Francisco, October 1988.

Eisler Riane. *The Power of Partnership: The Seven Relationships That Will Change Your Life.* Novato, Calif.: New World Library, March 2002.

Eisler Riane. *Tomorrow's Children: A Blueprint for Partnership Education for the* 21st *Century.* Boulder Colo.: Westview Press, August 2001.

Gary Tracy, and Melissa Kohner. *Inspired Philanthropy: Your Step-by-Step Guide to Creating a Giving Plan,* 2nd Edition. San Francisco: Jossey-Bass, August 2002.

Hyde Lewis. The Gift: Imagination and the Erotic Life of Property. New York: Vintage, March 1983.

Inspired Philanthropy: Creating a Giving Plan: A Workbook. San Francisco: (Kim Klein's Chardon Press) Jossey-Bass, September 1998.

Kinder George. *The Seven Stages of Money Maturity: Understanding the Spirit and Value of Money in Your Life.* New York: Delacorte, April 2000.

Kiyosaki Robert, Sharon Lechter. *Rich Dad, Poor Dad: What the Rich Teach Their*

Kids About Money That the Poor and Middle Class Do Not! New York: Warner, April 2000.

Lawson Douglas M. *Give to Live: How Giving Can Change Your Life.* Alti Publishing, September 1991.

Lietaer Bernard. Community *Currencies: A New Tool for 21st Century.*

Lietaer Bernard. *The Future of Money: Beyond Greed and Scarcity.* January 2001.

Lietaer Bernard, Richard Douthwaite. *The Ecology of Money.* Resurgence Books, February 2000.

Meadow Donella. *Global Citizen.* Island Press, May 1991.

Meadow Donella. *Limits to Growth: A Report for the Club of Rome's Project on the Predicament of Mankind.* New American Library, reissue edition, October 1977.

Meadow Donella, et al. *Beyond the Limits: Confronting Global Collapse, Envisioning a Sustainable Future.* White River Junction. Vt.: Chelsea Green, August 1993.

Needleman Jacob. *Money and the Meaning of life.* New York: Doubleday, October 1991.

Needleman Jacob, Michael Toms. *Money ,Money, Money: The Search for Wealth and the pursuit of Happiness.* Carlsbad, Calif : Hay House, June 1998 (book and audiotape).

Nemeth Marla, Ph.D. *The Energy of Money: A Guide to Financial and Personal Fulfillment.* Ballantine Wellspring, April 2000.

Nemeth Marla, Ph.D. *You & Money: A Guide to Personal Integrity and Financial Abundance.* Tzedakah Publications, April 1996.

Nemeth Marla, Ph.D. *You and Money: Would IT Be All Right with You If Life Got Easier?* Vildehiya, 1997.

O'Neil Jesse. *The Golden Ghetto: The Psychology of Business.* Center City, Minn.: Hazelden, The Affluenza Project, December 1997.

附录: 推荐材料

Orman Suze. *Courage to Be Rich: Creating a Life of Material and Spiritual Abundance.* New York: Riverhead (book and audiotape), March 1999.

Orman Suze. *The 9 Steps to Financial Freedom: Practical and Spiritual Steps So You Can Stop Worrying.* New York: Crown (book and audiotape), December 2000.

Rich Harvey L., M.D. *In the Moment: Celebrating the Everyday.* New York: Morrow/HarperCollins, November 2002.

Robin Vicki, Joe Dominguez. *Your Money or Your Life: Transforming Your Relationship with Money and Achieving Financial Independence.* New York: Penguin, September 1999.

Rosenberg Claude. *Wealthy and Wise : How You and America Can Get the Most Out of Your Giving.* Boston: Little, Brown, September 1994.

Sahtouris Elisabet. *A Walk Through Time : From Stardust to Us: The Evolution of Life on Earth.* Foundation for Global Community, John Wiley &Sons, October 1998.

Shore William H. *The Cathedral Within: Transforming Your Life by Giving Something Back.* New York: Random House, November 2001.

Traband Les. *Obtaining Your Financial Black Belt : Power and Control Over Your Money .* Buy Books, 2000.

录 音

Available from New Dimensions Radio.

The Soul of Business . Edited interviews by Michael Toms.

The Soul of Money, Lynne Twist interviewed by Michael Toms.

杂 志

Utne Reader.

YES! A Journal of Positive Futures.

富裕，
属于口袋装满快乐的人

《金钱的灵魂》升级版
《量子心世界》显化版
《秘密》财富版

台湾繁体版
2015年上市
多次重印

《秘密》纪录片创意顾问 著作
李欣频、《秘密》导师鲍勃·多伊尔 推荐

真正的富裕是物质与精神的共同富裕，
是发掘你内在的价值与别人的内在价值。

真正的富裕是活在觉知之中，
将感恩、对丰盛的信念、对喜乐的体验都纳入生活。

本书22章高阶内容，用量子物理学、时间的幻象、
因果业力的原理等，为你解释宇宙和生命实相的本质，
帮你遇见物质与精神共同富裕的自己，活在此刻此地，
活出本来具足的富足、丰盛和喜乐。